政党外交论丛　申险峰·主　编　徐　亮/邢新宇·副主编

地缘视角下的西欧史

A History of Western Europe from a Geopolitical Perspective

陈会颖◎著

时 事 出 版 社
北 京

图书在版编目（CIP）数据

地缘视角下的西欧史/陈会颖著. —北京：时事出版社，2022.8

ISBN 978-7-5195-0501-1

Ⅰ. ①地… Ⅱ. ①陈… Ⅲ. ①西欧—历史—研究
Ⅳ. ①K560.7

中国版本图书馆 CIP 数据核字（2022）第 115923 号

出 版 发 行：时事出版社
地　　　址：北京市海淀区彰化路 138 号西荣阁 B 座 G2 层
邮　　　编：100097
发 行 热 线：（010）88869831　88869832
传　　　真：（010）88869875
电 子 邮 箱：shishichubanshe@sina.com
网　　　址：www.shishishe.com
印　　　刷：北京良义印刷科技有限公司

开本：787×1092　1/16　印张：11.5　字数：135 千字
2022 年 8 月第 1 版　2022 年 8 月第 1 次印刷
定价：70.00 元

本书受到北京第二外国语学院教师队伍建设—教师教学促进—双培计划虚拟教学团队建设（544013/004）项目资助

前　言

自然地理环境在人类历史发展中起着不可忽视的作用。空间环境的变化为一个民族的生存发展提供了前提，任何国家和地区的发展都是在一定的地缘政治空间的发展。不同的地理环境必然会对一个国家的政治行为和国民心理产生不同的影响，因而也决定着这个国家在安全战略和地区政策上的选择。国家的空间特征不仅制约着内政而且决定着外交。一个国家所在的地理位置、所处的外部环境在一定程度上决定了这个国家的发展道路和政策走向。

西欧地区作为一个整体，首先是海洋性特征明显。作为欧亚大陆伸向大西洋的一个大半岛，西欧大部分地区为海水所环绕。比斯开湾、爱琴海、马尔马拉海、地中海、黑海、北海、波罗的海等七大海域将欧洲西部陆地分割成众多的半岛和岛屿。陆地与海洋犬牙交错，内陆地区距海洋的距离都不遥远，这意味着欧洲基本没有绝对意义的内陆。而欧洲的河流稠密，大多发源于阿尔卑斯山系和中欧高地，从西班牙的马德里划一条线到莫斯科，所有河流向北或向南奔流，多瑙河、莱茵河、维斯瓦河、奥得河、易北河、罗纳河、泰晤士河……每一条河流都将所在区域与海洋联系起来，为交通提供便利。这在铁路和汽车问世之前，对于贸易和商业发展而言是极为重要的。

西欧城市的发展与国家的兴衰都跟海洋有着密切关系。地中海是欧洲文明的摇篮，西欧的主要国家和著名城市在古代都集中于地中海沿岸。大约在12—16世纪，西方文明中心从地中海地区转移到大西洋沿岸，以西欧国家为中心，取代了地中海国家的领先地位，建立起大西洋文化，原地中海国家逐渐融入大西洋文化。所以布罗代尔说："构成欧洲历史一个基本部分的就是船只、护航队和征服遥远的海洋的历史。"

其次是地表形态起伏多变。西欧陆块受到海洋分割以后，又被山地、丘陵、河谷、盆地等起伏的地形细分为许多小区域，支离破碎。没有大河、大平原，缺乏能聚合欧洲西半部的基础和中心，到处都显示出自然和人文特征的多样性与狭小空间范围的差异性。这在交通不便的古代具有自成一体的封闭性，逐步形成了各不相同的语言文化和风土人情。在14世纪，这里有上千个独立小国，到16世纪还有500多个。西欧地域空间不大，却有着众多国家，所以每个国家的发展进程中都面临着内部的整合以及不同程度地受到其他国家和外部环境影响。

西欧国家同处于一个地区，但作为不同的个体，其面临的地缘环境还是有着各自的特点和较大的差异。英国虽然是岛国，但早期与欧洲大陆密切的联系使其忽视了自身的特性，直到近代早期，当它明确了自己的岛国身份并根据地缘条件制定出符合自身发展的道路，英国开始崛起。法国在西欧国家中先天条件最好，生而有着大国称霸欧陆的基础和优势，但面对陆海复合国家的双重身份时，它的犹疑、摇摆和野心成为羁绊。西班牙地理位置与英国相似，但又因为临近非洲大陆而使国家的发展全然不同。700 多年的收复失地运动使西班牙成为一个宗教狂热的国家，率先开辟新航路的优势带来的也不过是昙花一现的鼎盛。德国位于欧洲腹地，东西与强国为邻，自身王权衰落，使德国在上千年的历史时期都是欧洲国际政治的一块低洼地。在地中海为中心的历史时期，位置优越使意大利缔造了伟大的罗马帝国，创造了文艺复兴的辉煌，意大利的城市也成为中世纪繁荣富庶的典范，但随着国际贸易中心的转移，失去了地理优势的意大利只能在列强的争斗中寻找机会实现国家的统一。

……

不可否认，西欧地区作为近代国际关系的发源地和几百年来国际政治的中心，西欧各国在近代以来一直在世界各国中处于领先地位，这都与其独特的地缘环境有着密切的关系。因此，从地缘空间的视角去审视西欧各国的形成历史和发展道路，以及地缘因素导致的国家关系的演变，不论对于历史还是国际政治研究都具有重要的意义。

目　录

第一章 英国

一、入侵者的大熔炉

作为岛国的英国，四面为海水所环绕。东面是北海，西面和北面是大西洋，南面是英吉利海峡，与欧洲大陆隔海相望。周围的海域本应成为岛国御敌的天然防线，但不列颠群岛实际上是陆架岛，在第四世纪冰期以前和大陆有陆桥连接，与大陆实际上是一个整体。在与大陆分离后，英吉利海峡最窄处仅有33公里，东面的北海海域也不够宽广，再加上岛国早期海上力量薄弱，缺乏有效的防御手段，所以英国历史的开篇是接连不断的外族入侵。

公元前700年左右，凯尔特人①的部落开始侵入不列颠，这一过程持续了几百年。他们改变了不列颠的社会生活。在罗马人到来之前，“不列颠凯尔特人处于部落社会晚期的混合农业时期，他们使用铁质武器和工具，有自己

① 凯尔特人是铁器时代的欧洲和前罗马时期印欧民族的一部分，其支系分布在从大不列颠群岛、西班牙到小亚细亚的广大区域。

的货币和细陶器，知晓人类生存的意义，有着原始的宗教意识，建立了自己的政治组织”。[1]

公元前1世纪，不断扩张的罗马人发现了不列颠岛。公元前54年，高卢总督凯撒征集近百艘帆船率军渡过海峡登上了不列颠岛。罗马军队登陆后所向披靡，渡过了泰晤士河，迅速向内地进军。只是因为后来高卢发生起义，罗马军队才不得不撤回了欧洲大陆。而罗马人对不列颠的征服也因此推迟了一个世纪。直到公元43年，罗马帝国皇帝克劳狄派军远征不列颠，英格兰才正式成为罗马帝国的45个行省之一。

罗马的征服和统治使不列颠从史前跨进了文明的门槛。但就整个不列颠而言，在罗马人未涉足的地区，包括英格兰西北山区、威尔士、苏格兰和爱尔兰，凯尔特文化保持未变。即使在罗马帝国疆域内，凯尔特文化的基础也依然存在。不列颠罗马化主要是在城镇中发生的，城镇居民的语言、文化、法律、制度以及生活方式都发生了变化。但土著人大多数是生活在广大乡村的，他们很少接触拉丁文化。

5世纪，日益衰弱的罗马政权撤出了不列颠，结束了统治。随着罗马人的撤离，原有的城镇很快就衰落了，不列颠仍是凯尔特人的家园。罗马人几百年的占领，对不列颠后来的历史发展没有产生过多影响，罗马统治的痕迹只能在遗存的罗马大道、城墙和城市遗址中找寻。

① 钱乘旦、许洁明：《英国通史》，上海社会科学院出版社2002年版，第10页。

5 世纪中期，来自大陆北部低地沿海地区的日耳曼人各部族开始侵扰不列颠群岛，其中最主要的是盎格鲁-萨克逊人。到 7 世纪中期，他们已占据了英格兰的大部分地区，并建立起一系列小王国，其中重要的有七个，所以这一时期的英国历史被称为“七国时期”。日耳曼人统治下的各王国之间相互征战、融合，逐渐形成了大致统一的盎格鲁-萨克逊文化。这些新来者使用的语言属于日耳曼语，原有居民使用的拉丁语和凯尔特语逐渐被取代而消亡。罗马时代的突然结束，尚处于部落时代的盎格鲁-萨克逊人的大举入侵，使不列颠岛又退回到了文明的前夜。

8 世纪末，新一轮的外来入侵又开始了。来自斯堪的纳维亚半岛和丹麦半岛的维金人开始入侵英格兰东海岸。9 世纪中期，丹麦人南下攻击伦敦，在英国建立越冬基地，英格兰的东北部逐渐形成了丹麦人的定居区。初期，丹麦人居住区被纳入西萨克逊王国统治之下。到了 10 世纪末，西萨克逊王室对英格兰各地的控制力不断下降。1014 年，西萨克逊国王埃塞列德无力抵御维金人的再一次大举入侵，逃往欧洲大陆，投奔王后的哥哥法国诺曼底公爵。

1017 年，英国人拥立入侵的丹麦人克努特为英格兰国王。1019 年，克努特继承丹麦王位，1028 年又继承了挪威王位。这样，克努特身兼三国君主之位，组成了一个跨越北欧的庞大帝国，直到 1035 年去世。克努特去世后，其帝国也随之分裂。其中，挪威获得独立，丹麦和英格兰则分别为他的两个儿子哈萨和哈罗德所统治。1040 年哈罗德病死后，丹麦国王哈萨又入主英格兰。直到 1042 年哈萨去世后，丹麦世系的国王对英格兰的统治才告结束。

1043 年，英格兰臣民迎回了寄养在法国诺曼底公国的先王埃塞列德之子——有着一半英格兰血统和一半诺曼底血统的“虔诚者爱德华”。英格兰重归盎格鲁 - 萨克逊人的统治，定居东北部的丹麦人逐渐与当地居民融合。

1066 年初，“虔诚者爱德华”去世，临终指定英格兰势力最大的戈德温家族的哈罗德继承王位。但与英格兰王室有着姻亲关系的法国诺曼底公爵威廉，以哈罗德离王室血统较远为借口表示反对，要求凭借姻亲关系继承王位并出兵干预。9 月 25 日，威廉公爵率领舰队渡过海峡在英格兰南部登陆。黑斯廷斯山一役，经过一天的激战，哈罗德及亲兵卫队全部战死。圣诞节这一天，威廉公爵在威斯敏斯特教堂加冕为威廉一世（1066—1087 年）。

威廉的征服改变了英国历史的发展道路。自此，英格兰与落后的北欧分离开来，开始与先进的西欧紧密联系在一起。虽然诺曼底公国也是来自北欧的诺曼人建立的，与入侵英格兰的丹麦人同宗同源，但自 10 世纪初公国建立后，诺曼人迅速拉丁化、基督教化，融入了大陆文明。所以英国人所受拉丁文化的影响主要来自诺曼底征服。罗马化的法兰西人给英国带来了全新的政治体制和欧陆的文明风尚，法语也成为官方语言，直到 13 世纪末。长久处在欧洲文明圈边缘的英国从此跨入欧洲文明的主流。正是在这个意义上，英国历史学家亚瑟·哈索尔才说：“英国获得在全球历史中的位置应归功于诺曼底征服”。当然，英格兰的人口结构并未有大的改变，盎格鲁 - 萨克逊人仍是主体，普通民众仍旧以英语为日常用语。

在 11 世纪中期诺曼底征服之前，由于临近欧洲大陆的地理位置，不列颠群岛历遭外族入侵，三次臣服于海外统治者。对于英国的历史发展来说，这未尝不是件好事。比照澳大利亚，其置身于茫茫大海之中，完全靠自己，没有邻居，没有机会从任何地方求取新思想、新技术。而英国作为欧洲大陆西北边缘的一个岛国，能够以此不断接受到外来先进的文明，得以避免岛国孤立、封闭和停滞的弊病。

二、与大陆的长期纠葛

不列颠群岛延续了大陆的构造与地形，分享了大陆西海岸的温带海洋气候，也接受了来自大陆的统治者和文明的熏陶，这些联系都使得岛上居民在相当长的历史时期内并未充分意识到自己岛民身份的独特性。相反，他们的目光是倾向于欧陆的，将自身与欧洲大陆视为一个不可分割的整体。尤其是当来自大陆的法国诺曼底公爵跨海峡征服不列颠群岛，使诺曼底和英格兰这两个曾经各自独立的实体，变成了一个跨海峡的单一政治单位，不仅共拥一个王朝，而且共有一个诺曼底－盎格鲁贵族阶层。直到13世纪初，英格兰与诺曼底的历史都交汇在一起。

但由于地理上的海峡之隔，英格兰与诺曼底又常常因为人为的纷争而被分裂开来，而每当分裂局面出现，王朝就会陷于内乱和动荡。威廉一世去世后，他的儿子们就陷入纷争。次子威廉·鲁夫斯继承王位，称威廉二世（1087—1100年）。长子罗伯特则在海峡对岸的诺曼底成为公爵，并在法王的支持下试图把诺曼底从英格兰王国分离出去。威廉二世去世后，其弟亨利成为新任国王，称亨利一世（1100—1135 年）。亨利一世在位 35 年，不停奔波于英格兰和诺曼底之间，维护了英格兰较长时期的稳定局面。但在亨利一世死后的继承人问题上又出现纷争。王位虽然由威廉一世的外孙、法兰西伐洛瓦的史蒂芬（1135—1154 年）合法继承，但史蒂芬无视王国的跨海峡性，他对诺曼底的忽略引起了一些大贵族的不满。1138 年，亨利一世的女儿玛蒂尔达凭借其丈夫、法国大贵族安茹伯爵的支持，联合一部分贵族开始争夺王位，英格兰再次陷入混乱局面。1153 年，玛蒂尔达与安茹伯爵的儿子亨利以诺曼底为跳板进攻英格兰。次年，双方达成协议，亨利成为王位继承人。1154 年 12 月，亨利正式继位，称亨利二世（1154—1189 年），安茹王朝①建立。

亨利二世作为英国国王除了英格兰的领土，还从父亲那里继承了安茹、曼恩、布列塔尼等领地，从母亲那里继承了诺曼底公国，又通过联姻拥有了阿奎坦、波瓦图和加斯科尼等地，整个法兰西有一半处在他的统治之下。这一跨海峡的帝国，疆域从英格兰一直延伸到大陆南端的比利牛斯山脉。尽管身为英格兰君主，但亨利二世的统治中心始终在大陆，在他的出生地——安茹伯爵领地。这一方面是因为与大陆相比，当时的英格兰在社会生活和文化方面还多少有点穷乡僻壤的味道，另一方面则是因为大陆领地的庞大和在帝国领土中的重要地位。与之相较，英格兰不

---

① 也称“金雀花王朝”，因亨利二世的父亲安茹和曼恩公爵杰弗里喜欢在头盔上插戴金雀花而得名。

过是帝国的一个行省而已。不过凭借着个人的能力，通过不断往返于海峡两岸的各分散领地之间，以巡游的统治方式，亨利二世维持了帝国的统一和稳定。

自诺曼底征服后，英格兰的国王同时是法国领地的领主，这双重身份也带来了英法两国关系的变化。此前英王与法王的关系是平等的，但此后英王成为法王的臣属。英法纠葛从此开始。尤其安茹王朝开始后，法国近一半的领土都成为英王的领地，势力大增的英王不愿久居人下，日益感到威胁的法王则开始介入和干涉英格兰的内部事务，利用各种机会剥夺英王的大陆领地。

1173 年，亨利二世的四个儿子在法王路易七世的支持下，在诺曼底、布列塔尼等地起兵反叛，后被镇压。1188 年，亨利二世的次子理查德与法王菲利普·奥古斯塔斯结盟并向法王宣誓效忠，以此换取法王支持其争夺王位继承权。1189 年亨利二世去世，理查德成功继承了王位，称“狮心王理查德”（1189—1199 年）。理查德获得了安茹王朝的全部领土，使得这个跨海峡的大帝国避免了分裂。

1190 年夏，趁理查德参加第三次十字军东征之机，其弟弟、亨利二世的小儿子约翰在国内叛乱。得到消息的理查德迅速班师回国，却不幸落入德意志国王亨利六世手中，被囚禁一年有余。法王趁机占领了安茹王朝在大陆的一些领地，包括诺曼底公国。1194 年，理查德被赎回后，不惜重金招募了一支雇佣兵，并利用这支军队从法王手中重新夺回了被占去的领土。

1199 年狮心王理查德去世后，因王位继承问题纷争再起。按照继承顺序，王位应归于亨利二世的三子杰弗里的儿子、年幼的布列塔尼公爵亚瑟。亚瑟也得到了法王的支持。但英格兰和诺曼底的贵族们更倾向于亨利二世的小儿子、阿奎坦公爵约翰。1199年4月，约翰自封为“诺曼底公爵”。5月，约翰又抢先在伦敦加冕为英格兰国王。8月，约翰与昂古莱姆的女继承人结婚并随即以妻子名义要求获得在大陆的新领土。法王趁机支持亚瑟与约翰开战。结果亚瑟在战争中被杀身亡，法王则借口约翰拒绝出席法国王室法庭受审，违反附庸义务，宣布剥夺英王在法国大陆的领地，并在其后几年中陆续派兵占领了诺曼底、曼恩、安茹和布列塔尼等地，约翰则逃往英格兰避难。此时他在法国的领地就只剩下了阿奎坦公国，因此在历史上被称为“失地王约翰”。

不甘心失败的约翰一心想收复大陆失地。1206年远征法国西南部的加斯科尼、1214年与神圣罗马帝国皇帝等结成的反法政治军事同盟都遭遇失败。不断的扩军备战和横征暴敛还引起了贵族的不满和反叛。反叛者得到了法王菲利普的支持，经过近半年的斗争，1215年6月，约翰被迫在贵族们起草的《大宪章》上签字，对于封臣的权利予以了全面承认。《大宪章》是大贵族为保护其财产和生命权利而制定的，是英国宪法政治发展的一个起点。此后一直作为国王应该遵守法律的象征而存在着，成为英国有限君主制传统的永久见证。

失地王约翰去世后，他的儿子继位，即亨利三世（1216—1272年）。亨利三世统治时期，其先祖在大陆领有的广大领地只剩下法国西南部的加斯科尼一处了。也就是说，安茹王朝初期英格兰只是跨海峡的安茹帝国广大疆域中一部分的状况，早已经一去不复返了。现在的英格兰已成为安茹王朝无可争议的统治中心，由于大陆领地的丧失，英格兰王国政治的岛国特性越来越明显了。但与此同时，国王们的民族独立意识也在不断增长。

亨利三世之后的英王爱德华一世（1272—1307 年）是一位雄才大略的君主，因为对威尔士和苏格兰的征服而获得“威尔士的征服者”“苏格兰的锤子”及“英格兰的查士丁尼”等荣誉称号。他不但致力于不列颠群岛的统一，还坚决维护英格兰在大陆的最后一块领地，不愿见到法国王权在加斯科尼的影响。但对于法国国王来说，英国国王是他的封臣，加强对加斯科尼的控制又是其利益所在和王权的象征。于是，围绕着加斯科尼问题的争端就不可避免。1293 年，法王借口加斯科尼与诺曼底的船只之间的冲突而出兵占领了加斯科尼。英王爱德华一世决定捍卫自己的利益，于 1297 年带兵亲征，最终以法王封臣的身份收复了加斯科尼。这一结果为半个世纪后的英法百年战争埋下了伏笔。

英法百年战争的直接导火线是法国的王位继承问题。1314 年，法王菲利普四世去世。之后他的三个儿子先后继承了王位。直到 1328 年，最后一个儿子查理四世去世，无男性继承人。英国国王爱德华三世（1327—1377 年）以菲利普四世外孙的资格要求继承权，遭到拒绝。法兰西贵族拥立了查理四世的旁系堂弟、伐洛瓦家族的菲利普继承王位，是为菲利普六世（1328—1350 年）。当时爱德华三世也刚登基不久且年纪尚幼，为保有在法国的领地而向菲利普六世行了臣服礼。但随着自身在国内统治地位的稳固，英王爱德华三世继续提出对法国王位的要求，英法百年战争爆发。

1337 年 5 月，菲利普六世借口英王允许法王的仇敌避居英国，下令没收英王在法国的最后一块封地。10 月，英王爱德华三世则公开宣布他应该拥有法兰西王位，英法海战于是爆发。英法两国统治王朝之间为争夺领地而展开的斗争，是这场战争的深层次原因。对于法国统治者来讲，只要英王在法国境内占有领地，就会影响法国的政治统一，因此下决心要把英国人彻底赶出大陆。但对于英国统治者来说，绝不甘心丧失在大陆的领地，而且只要其在法国的领地还没有被完全剥夺，就仍抱有在法国乃至在欧洲大陆的更大范围扩张势力的野心。

从 1337 年到 1453 年，这场战争时断时续地进行了上百年。战事不仅限于两国之间，低地国家、伊比利亚半岛的卡斯蒂利亚、葡萄牙、苏格兰、爱尔兰等出于各自的利益也都卷入其中。战争的第一阶段，英国取得了胜利。1360 年的《布勒丁尼和约》不但扩大了英王在法国西南部的领地，还确认了法国北部包括加来港在内的一些地区为英国所据有。此外，法国还需交出 50 万镑的巨额赎金以赎回被俘的国王。

1415 年 8 月，英王亨利五世与法国联姻的要求遭到拒绝后，战事再起。法国由于内部的分裂而在战争中不断失利，1419 年被迫再次接受《特鲁瓦和约》。和约废除了法国太子的继承权，规定英法联姻，法王查理六世死后由英王亨利五世继位，两国联合共戴一君。和约签订仅三年后，亨利五世与查理六世先后去世。根据和约，亨利五世与法国公主年仅十个月的儿子成为英法两国共同的国王，是为亨利六世（1422—1461 年）。但法国王太子查理拒不接受，自行宣布继承法国王位，称查理七世。

战争的最后阶段，法国的民族意识开始觉醒，法王查理七世在广大人民的支持下不断收复失地。1436 年把英国人逐出了巴黎；1450 年，英国人又被赶出了诺曼底；1453 年，英国军队被迫撤出了加斯科尼。除了北部的加来港，英王的势力被彻底赶出了法兰西。至此，百年战争结束。

三、岛国意识的觉醒

在不列颠成为完全意义上的民族国家之前，虽然在地理上是一个岛国，但英国统治者对欧洲大陆的关注远远超过了海洋。由于早期的英国统治者大多来自欧洲大陆，与欧洲大陆有着割不断的地缘政治和文化联系，家族利益高于一切，英伦三岛对他们来说仅仅是母国的一部分或“行宫”。因此英国频频地参与欧洲君主之间的矛盾和纷争，并不断地消耗着英伦三岛的资源。直到 15 世纪初，英国人的海上活动还仅仅局限于周围海域，很少涉足波罗的海和地中海地区。其造船水平也远远落后于意大利北部城市。仅以船只吨位和装载人数为例，当时英国所造船只很少超过 100 吨，载人一般 20 余名。而同期威尼斯所用船只的运载量已达 500 吨，除货物外，每艘船一般有桨手、商人和官兵达数百人之多。所以英国史学家约翰·西利认为，中世纪的英国仍然是一个“习于农耕或放牧的、尚武的、对海洋不感兴趣的”民族，实际上“几乎完全不是一个海洋国家”。[①]

百年战争以英国人的惨败而告终，英国在战争中丧失了它在大陆的全部领土。但从历史的角度看，这场战争未尝不是英国国家发展的一件幸事。此前，英国人的目光一直聚焦在欧洲大陆，浓郁的“大陆情结”使得在近代以前的很长一段时间里身为岛民的英国人的海上活动远远落在了欧洲一些国家和地区的后面。百年战争的失败迫使英国退出了欧洲大陆，退回到不列颠岛，对大陆领土的野心也被彻底粉碎。至此，英国人开始注意到自身所处的独特地理位置和天然优势以及与大陆国家的巨大差异。英国四面濒海，内河航道的入海口处都有天然海港。沿海港口星罗棋布，并且与内河航线相联结，形成了发达的沿海交通网。如阿萨·勃里格斯在他的著作《英国社会史》中所述的：“英国被海洋包围着，英国的每个地方，不管它多么遥远荒僻，离海洋却十分接近，这一点对英国历史的发展有着永恒的意义……”[②] 英国人的岛国意识逐渐觉醒。

1485 年建立的都铎王朝统治者开始审视自己的岛国地位，将关注点从欧洲大陆转移到了本国国力尤其是海洋力量的提升。在它统治的一个多世纪时间里，推行了一系列旨在扶植本国海上势力、鼓励海外扩张的政策措施。

为了保护本国的航运业发展，都铎王朝建立后，根据英国海上势力的状况在不同时期颁布了一系列航海法案。

---

① J. R. Seeley, “The Expansion of England”, Boston, 1909, p. 87.

② ［英］阿萨·勃里格斯：《英国社会史》，中国人民大学出版社 1991 年版，第 10 页。

亨利七世统治时期，国会于1485年通过航海法案，规定凡来自法国南部基恩和加斯科尼的葡萄酒必须由英国人的船只装运，船上的大多数水手也必须是英国人。1489年，又进一步把法国图卢兹纳入限制范围，还规定只要港口有足够的英国船只，就不得使用外国商船运货。到亨利八世时期，这一政策得到继续执行，并进一步限制外国船只的使用，规定外国人用自备船只运货要缴纳高额关税，还限定只有在港口没有英国船只时，才能向有关英国官员申请特别许可证运货。在这些航海法案的保护和扶植下，英国的海上运输能力有了快速的增长。

为了发展本国的海外贸易，保障英国商人在欧洲大陆从事贸易的权利和打击商业对手，都铎王朝政府与欧洲各国签订了一系列商业条约。在北方海域，1490年，亨利七世与丹麦统治者签订条约，恢复了英国商人在挪威、丹麦和冰岛等地的贸易特权。1498年，亨利七世又与德国北部城市里加签约，试图分裂汉萨同盟，涉足波罗的海。这些条约的签订使得15世纪后期以来英国商人被排除在波罗的海的局面有所改观。1503年，英国商船中经过松德海峡的只有21艘，但到1547年，英国船只已能够与荷兰船队相竞争了。

在南部地中海地区，亨利七世与佛罗伦萨缔结了一项针对威尼斯的条约，规定凡出口到意大利的英国羊毛必须由英国船只运至佛罗伦萨管辖下的比萨港，再由此向其他地方出售，供应威尼斯的羊毛也被限制在600袋。这些规定沉重地打击了威尼斯的呢绒业以及由地中海经英国至弗兰德尔的贸易航线。此外，亨利七世政府还分别与西班牙、德国、法国、尼德兰等签订商业条约，不断扩大英国人的商业特权。16 世纪上半叶，英国对欧洲大陆和附近地区的贸易总量增加了 150%。[1] 16 世纪 40 年代以后，经营北欧贸易的英国船只数量迅速增加。1581 年，英国商人进一步开拓了北欧市场和东欧市场。贸易公司也在此时兴起，例如东地公司，在伊丽莎白女王的特许下，垄断英国对丹麦、挪威和普鲁士等国家和地区的贸易。

百年战争之前，英国统治者浓郁的“大陆情结”决定了早期英国在国防上需要的是一支强大的陆上防御力量和能参与欧洲战场战斗的陆军部队，海上力量主要是满足于渡海并向大陆战场输送作战部队，在整个防御力量中只是一个小小的配角。因此，海上力量的建设在英国始终没有引起足够的重视，船只也多数是渔船和商船，国王在紧急情况下临时征集商船，经过改装后直接开到前线投入战争。英法百年战争时，战场开始扩展到海上。针对法国，亨利五世组建了一支在当时来说已经比较庞大的海上军队。据统计，在整个亨利五世统治时期，皇家舰队拥有 300—1000 吨的大船 14 艘，中等船只 10 艘，小型船只 14 艘，这是一支以往任何国王都不曾拥有的强大的海上武装力量。1340 年 6 月，两国海军在斯勒伊斯激战了九小时，法国舰队惨败，制海权落入英国人手中。战争结束后，由于没有经费维护，亨利五世留下的海上舰队被拍卖给私人所有者。到 1453 年，亨利六世只剩下两艘舰船。总体而

① 陈曦文：《英国都铎王朝前期的对外贸易和重商政策》，《世界历史》1990 年第 4 期。

言，尽管英国是一个典型的海洋国家，但至少在早期，执政者对海洋和海军的认识并不先进，海上力量建设也没有摆在重要地位。

到都铎王朝时期，海上力量的建设开始得到君主的重视。都铎王朝之前，英国大部分船只从荷兰购入。自亨利七世起，政府积极鼓励本国造船业的发展。英国造船厂主要分布在英国东南部、泰晤士河沿岸和东北部的泰恩河、蒂斯河沿岸。泰晤士河拥有英国最大的港口伦敦，为造船业的发展提供了充足的市场和材料来源，成为这一时期主要的造船基地。朴茨茅斯、德普特福德、伍尔维奇和查塔姆等造船厂都是都铎王朝统治时期建立的著名的造船场地。不过亨利七世在位时期，英国军用舰船和普通商船在船体设计方面依然没有明显的区别，商船和军用舰船常常合二为一。战争时期在商船上多装些火炮就成了出海作战的舰船；和平时期舰船卸下部分火炮，装上货物，就成了武装的商船。另外，生产技术的原因导致这一时期英国造船厂生产的船只吨位大多在百吨以下。亨利七世时期开始实行船业津贴法，由王室对百吨以上船只进行补贴，即每制造 100 吨位就补助 5 先令，从而使英国的造船能力由 1400 年以前只能造百吨以下的船，发展到 15 世纪下半叶可以造 900 吨的大海船。[1] 这一津贴政策在亨利八世和伊丽莎白时代得到沿袭。16 世纪末尤其是 1594 年后，英国船只在 100—500 吨这一区间比重逐渐增加，但百吨以下

① ［英］莫尔顿：《人民的英国史》，生活 · 读书 · 新知生活书店 1976 年版，第 212 页。

的小型船只仍是主流。亨利七世还鼓励建造者们向船只建设方面领先的国家学习。如英国造船厂造出的大型舰船“君王”号和“摄政王”号，就是造船者模仿葡萄牙的远洋武装商船的构造设计建造的。

都铎王朝时期各位君主的重视，使英国海上力量得到长足的发展，为后来的称霸海洋奠定了良好的基础。但在相当长的历史时期内，因为地缘特点而形成的大陆情结、对自身岛国特性的忽视，使得英国在向海洋开拓的道路上远远地落在了伊比利亚国家的后面。在都铎王朝前期，虽然新航路已经开辟，葡萄牙和西班牙等国政府已经开始了对非洲、亚洲和美洲的殖民掠夺，英国统治者的注意力还主要集中在欧洲海域。这时的英国，无论是政府还是商人，都不具备足够的财力和物力去频繁地组织欧洲以外的大规模探险。只是受到葡萄牙和西班牙航海发现的触动，亨利七世也鼓励探险家的个人海上探险活动。

面对伊比利亚人的殖民霸权和欺凌，面对海盗的敲诈和勒索，英国人最初的海外探索异常艰辛。为避开伊比利亚人的势力范围，英国商人冒险家们不得不向西北、东北方向探索，寻找前往东方的航路。1494 年左右，意大利商人约翰·卡伯特来到英国，希望得到英王亨利七世的资助，实现自己横渡大西洋向海外探索的梦想。亨利七世发给约翰·卡伯特一项特许状，以国王分享五分之一利益为条件，允许他自备船只到至今为基督徒所不知的陆地探险，享有所占土地的管辖权和贸易垄断，免交任何关税。1497 年，当亨利七世得知卡伯特发现了纽芬兰，便授予其海军上将的头衔并颁赐奖金和年金。① 继卡伯特之后，其子塞巴斯蒂安在亨利七世的特许下也向西北方向进行了一系列探索。继卡伯特父子之后，一批批商人、水手和海盗开始了一系列小规模、探索性的冒险活动。英国商人们冒着被西班牙、葡萄牙、德意志以及阿拉伯海盗袭击的危险，航行到偏远的、未被伊比利亚人以及其他列强所垄断的地区从事贸易或殖民探索活动。

16 世纪中叶以前，受王权弱小与财力匮乏所限，都铎政府除了为殖民探索活动颁发特许状外，根本无力资助本国的海外殖民事业，对私人、民间性的海外活动基本上采取了放任态度。早期的北美之行也并未带来可观的商业利益，因此未能让英国的商人们对北美航行产生更大的兴趣。直到 16 世纪中期，英国海上力量的发展才进入新阶段，开始走出欧洲，进军世界性海域。

四、海洋霸权的确立

在西欧各国中，与其他大陆和滨海国家相比，英国尤其具有发展海权的优越条件。从海陆位置来看，作为岛屿国家的英国自放弃在大陆的野心后，其地缘关系变得简单得多。与邻国隔海相望，地理连通性差，受邻国安全威胁小；从海岸条件来看，四面环海使英国具有较长的海岸线和众多的天然港；从出海通道来看，英国能够很方便地进

① 文天亮：《争洋霸海：制海权与国家命运》，凤凰出版社 2009 年版，第 109 页。

入海洋，拥有多条便捷、宽敞、安全的通道。其地理位置恰好位于欧洲与美洲各国间交通的中途，它又是西南欧至北欧、西北欧至非洲和澳洲航线的枢纽。北海是许多欧洲国家远洋航行的海上出口，而英伦三岛正好是该水域各航道的要津。与此同时，其位置又非常利于封锁波罗的海出海口，从而控制波罗的海通向大西洋的航道及北欧、北海的航线。除了四通八达的海上交通，更为重要的是，在大不列颠岛西部、北部山脉与东面、南面的海峡之间，拥有一个肥沃而独立的本土基地——英格兰平原。从历史来看，它是不列颠这个海上强国的根基。

15 世纪末地理大发现和新航路的开辟，给世界各国海上力量的发展带来了新的挑战和机遇。西班牙、葡萄牙的早期海上活动为它们带来了巨大的财富，荷兰和法国等欧洲国家纷纷将视线转向海洋，制海权在这一时期成为各国争夺的关键。“这是展现在一切海洋国家面前的殖民事业的时代，即建立庞大的海军来保护刚刚开辟的殖民地以及与殖民地的贸易的时代。从此便开始了一个海战比以往任何时候更加频繁、海军武器的发展比以往任何时候更有成效的时期。”①

到都铎王朝后期，英国人也开始把目标从欧洲海域转向广阔的海洋。向海洋进军、探索海洋、发展海外贸易、拓展海外殖民地成为英国的国策。

要想在海上发展，创建和维持一支强大的海军就成为一件必不可少的事情。亨利八世继承了亨利七世对海军的

① 《马克思恩格斯全集（第 14 卷）》，人民出版社 1972 年版，第 383 页。

重视政策，他不仅花巨资从国外购买先进战舰，还大力推进本国战舰建造。当时北欧最大的战舰——伟大的“哈里”号在他即位第三年即建成。在改进舰船建造和设计方面，他做出了积极的探索和贡献。最主要就是突破了武装商船即为战船的旧观念，并对船体设计进行改进，研制了舷侧火炮和前装炮作为武器。从而使火炮得以在舰船上大量使用，提高了舰船的武装力量。他还积极引进造船工匠，创办航海技术学校，为英国船只建造提供了专业人才。为了建造适合远洋航行的战船，亨利八世命令设计建造了大量的专用舰船；而火炮兵工厂的建立，使军舰有了武器保障，海上作战技术的改进，则为远程射击的作战提供了可能。为保证海军战舰的建造与维护，1546 年，亨利八世成立海军部，专门负责管理皇家海军的造船厂、船坞、仓库等。亨利八世时期的一系列措施，使当时英国舰船发展水平领先于世界。英国皇家海军的规模使当时的海上霸主西班牙都十分震惊，西班牙驻英大使惊呼：“这个国王对世界上任何人都可以不尊敬、不害怕了。”亨利八世也因为对英国海军壮大做出的巨大贡献，而被称为“英国海军之父”。

1558 年伊丽莎白一世即位时，英格兰面临的局势十分严峻。玛丽一世介入西班牙对法战争，致使英格兰丢掉了大陆上的唯一堡垒——加来港，这也意味着英国失去其在欧洲大陆上的最后一个据点。由于失去了陆上的屏障，敌人攻打英国也不可避免要走海路，从海上入侵英国。而且无论是为了保护海外贸易还是拓展殖民地，也都必然需要经过大海并依赖海上军事力量。如英国军事学家富勒所说："只要他们控制了海洋，则照样可以赢得和守住巨大的海外领土。反而言之，即令是泱泱大国，虽然他们可以在海外获得广大的土地，可是除非他们能够控制海洋，否则一旦面临着严重的挑战，即会感到无法应付了。"[①] 可见，控制海洋对此时的英国来说显得比以往更为重要。

伊丽莎白一世继位后，立即将制定海上政策的工作提上议事日程。国务大臣塞西尔在女王加冕典礼的备忘录中就明确将"谋划海上事务"作为新政权必须"立即实行"的一大要务。从此，海上政策在女王政府的决策中占有突出地位。

女王政府首先是通过支持商业股份公司来发展海外贸易。这一时期，女王不仅给从事海外冒险活动的商人颁发特许状，还与政府官员一起出资入股，或以皇家海军舰只折作股份，以支持商人冒险家的海外活动。从 1576 年起，汉弗莱·吉尔伯特和他的支持者马丁·弗罗比歇纠集伦敦商人、绅士等组织了三次北美航行，伊丽莎白女王颁发给他一项特许状，授予他发现和占有尚未被基督教君主所实际占领的土地。女王本人及其廷臣都对三次航行进行了投资，女王还为第二次航行提供了一艘皇家海军战舰。当时比较有名的东地公司、几内亚公司、利凡特公司以及东印度公司，大都由王室、廷臣以及大商人出资注册，在政府的特许下垄断地区或行业贸易。例如 1581 年女王颁发贸易专利证书给利凡特公司，允许该公司垄断对土耳其的贸

① ［英］富勒：《西洋世界军事史（卷二）》，广西师范大学出版社 2002 年版，第 31 页。

易七年。而该公司有女王秘密投资的4.2万英镑，占该公司全部资产的一半。[①] 英国殖民扩张史上最著名、存在时间最长的商人股份公司——经营东方贸易的东印度公司，也是在女王的积极支持下组建起来的。1600年英国政府颁发特许状，授予该公司发展海外贸易和殖民扩张的特权，女王对公司的投资达到了相当高的份额。[②] 在女王政府的大力支持下，英国的海外势力得到极大发展。

伊丽莎白一世继位之初，英国海军十分弱小。由于爱德华六世和玛丽一世时期不重视海军，大量木制船只因得不到维修而腐烂。据说玛丽女王去世时，海军的吨位已减少到7110吨，舰船和船只的数量降到只有26艘。而且英国当时水手的素质也不高，大多是在北部的沿岸海域接受训练，缺少深水领域的实践。在伊丽莎白一世的带领下，英国展开了自身海军建设。“她要求精确地调查海军的船只，严格地询问它们腐烂的原因，意思是确认它是否能被修复，她要求保证造船有足够的木材……下令铸造许多的铜炮和铁炮来保证弹药库有足够的存量，大量的火药也被制造出来。”英国人学习威尼斯造船师的造船工艺，使用平接法建造船只，并且针对本国造船工匠数学知识不足的问题进行改进，使用简单的几何辅助绘制设计图，很快被运用到造船过程中，这提升了英国船队的质量。在女王的倡导和鼓励之下，英国皇家海军建设取得了巨大的进展。

---

① 刘义程：《浅析都铎王朝重商主义政策的影响》，《井冈山师范学院学报》2001年第2期。

② 姜守明：《从民族国家到帝国之路》，南京师范大学出版社2000年版，第78页。

1570—1583 年的 14 年间，英国政府新建了 9 艘战舰；1583—1587 年的 5 年间新建了 16 艘战舰。这样，1570 年起，英国政府共新建了 25 艘皇家海军战舰。此外，英国政府还对一些旧船进行改进。当伊丽莎白一世的继任者詹姆斯一世 17 世纪初继位时，英国皇家海军战舰规模几乎翻了一倍。

都铎王朝时期建立的英国海军，为未来英国海上力量的持续强劲打下良好基础。但伊丽莎白一世时期的英国皇家海军并不是构成英国海军的全部力量，由于资金的缺乏和其他基本条件的限制，使她无法建立一支专门由国家所控制的完整海军。面对正规军英国皇家海军力量薄弱，海上实力落后的现实，为了应对外部的威胁，也为了维护自身的利益，女王将拉拢壮大私掠船的行为策略化，使私掠船也成为一支效忠于政府的重要海上力量。英国政府授予私掠船可以袭击特定敌人船只的“私掠许可证”，这意味着从法律上对私掠行为的认可。所以，英国掠船活动实质上就是政府授权的、有针对性的“合法”海盗行为。私掠船海盗虽不像海军那样具有破坏力，但他们通过掠夺商船来扰乱敌国贸易秩序，能起到辅助英国皇家海军的作用。发生战争时他们也会响应本国政府征召，与英国皇家海军联手，成为英国皇家海军的重要组成部分。有些英国皇家海军高层领导人，也是著名的私掠船船长出身，如约翰·霍金斯和弗朗西斯·德雷克，他们终生效忠女王，是女王“忠诚的海狗”。最重要的是，由于这些民间移动武装船的所有花费均由私掠船的投资者支付，因此可节约大量公共开支。

西班牙是当时的海上强国，主要的海外市场和重要的航线都控制在西班牙手中。英国政府“不会也不能发起一个反西班牙海上力量的系统进攻，但是，当然，它是希望那些自发的、非官方的武装力量像他们以前一直在做的那样，在毁坏、阻挠敌人贸易方面发挥他们的作用”。[①] 英国的船只在世界各地的重要港口频繁活动，借助海盗活动推动“三角贸易”并打击伊比利亚人的海外殖民势力。1560—1570 年间，约翰·霍金斯先后三次从事由英国至非洲再到美洲的“三角贸易”，公开地挑战西班牙政府的殖民贸易禁令。霍金斯的舰船上挂有英王的旗帜，所到之处皆称是“女王陛下的舰队”，称自己是“女王的侍从”。1577 年，霍金斯被任命为海军财务主管大臣。[②] 英国政府还积极鼓励海盗在大西洋和加勒比海劫掠西班牙在美洲装满财宝的商船。1580 年，德雷克远征归来，为英国带回了约 60 万英镑的财富，而当时英国的国家预算只有 20 万英镑，也就是说，德雷克这一次的航海，就为英国带回了三年的国家预算。女王甚至登上德雷克旗舰“金鹿”号，亲自授予德雷克“骑士”称号，以表示对此次远征的纪念。据统计，1585—1604 年，每年有少则一百、多则两百的英国私掠船出海，专门在大西洋和加勒比海劫掠西班牙运输船队。这些财富的获得充实了国库，缓解了英国当时财政拮据的状况。海盗们还想方设法将劫来的各种货物卖给西班牙的殖民地，从中获取巨额利润。就这样，英国借助

---

① Kenneth R. Andrews, “Elizabethan Privateering: English privateering during the Spanish War, 1585 - 1603”, Cambridge University Press, 1964, p. 21.

② 林振草：《论英国都铎王朝的重商主义》，《贵州大学学报》1995 年第 4 期。

海盗的力量成功地攻破了西班牙人的贸易之门，为其获得海洋自由贸易权逐步扫清了障碍。

对于英国政府的海盗行为，西班牙政府曾多次向伊丽莎白女王提出外交抗议和申诉，伊丽莎白的国务大臣则告诫西班牙驻英大使，“英国决不承认西、葡两国根据教皇权威所作的关于世界殖民势力范围的划分”，坚持“有效占领”原则。对于德雷克、霍金斯等海盗活动，女王政府不仅没有制止，反而继续予以暗中支持。[①] 西班牙政府在抗议无效后，也开始大肆武装袭击、掠夺英国商船，以示报复。作为反击措施，1585 年，女王政府向全国颁发进行海上劫掠西班牙船只的许可状。这意味着此后英国人可以在海上任意袭击西班牙船只，海盗活动进一步合法化。英国与西班牙之间的矛盾急剧加深。

1588 年 5 月，西班牙号称欧洲最强大的“无敌舰队”终于准备就绪，“在里斯本集结了 130 艘舰船和 1.9 万人的部队，其吨位达 56 万多吨，有 1100 门大炮。……几乎与此同时，英国舰队也开始在朴茨茅斯集合。共有 190 多艘船只，总吨位在 3 万吨以上，共有水手、士兵和炮手 1.5 万多人，2000 门火炮”。[②] 从表面上看，英国舰船总吨位明显处于劣势，人数也少于西班牙，但英国船只和火炮的数量多，而且英国的船只主要由各地商人和海盗轻巧的私掠船组成，较之西班牙笨重的战舰机动性更强。在战术方面，西班牙多采用中短程的重炮，其目的是先使敌船丧

---

① 夏继果：《威廉·塞西尔的内政外交政策（1572—1588）》，《世界历史》1991 年第 3 期。

② 丁朝弼：《世界近代海战史》，海洋出版社 1994 年版，第 14 页。

失战斗能力，然后攀登进行肉搏战，实际上还是没有脱离“海上陆战”的旧模式，想依靠步兵取得海战的胜利。而英国派遣大海盗约翰·霍金斯、弗朗西斯·德雷克等指挥舰队作战。此前，德雷克和霍金斯指挥的海盗船，曾多次袭击西班牙的财宝船和武装商船，具备极为丰富的实战经验。他们没有与“无敌舰队”硬碰硬，而是采用射程较远的长炮，其目的在于远距离击沉敌船。

7月29日，西班牙“无敌舰队”驶近英国西南的利泽德角，英国舰队利用西班牙舰队还没有接近港口的时机，立即率舰队驶出了普利茅斯港，进入广阔海面，实施机动，避免让敌人发挥其近距离攀登的优势。7月31日，双方开始了第一次战斗。8月3日和4日，两支舰队发生了三次激烈的炮战。8月8日，英国舰队在格拉维利尼斯附近海域追上西班牙的舰船，持优势兵力对其进行攻击。高大笨拙的西班牙战舰在英舰的灵活战术和远程火炮的猛烈攻击下很快就败下阵来，英国皇家海军在海盗势力的配合下，最终击溃了西班牙的“无敌舰队”。西班牙人损失了16艘船只，死伤近1400人；英国船只虽有多艘受创，但无重大的损失。8月9日，西班牙人见西南风继续吹拂，军队补给十分困难，返回并控制海峡已不太现实，遂决定返回西班牙。漫长艰险的返航之路，因为风暴或撞到苏格兰和爱尔兰沿海的礁石，共有19艘船只失事遇难，35艘失踪，[①] 伤亡惨重。直到9月21日，七零八落的船只才终于返回西班牙各港口。此次西班牙“无敌舰队”远征英格

① ［日］石岛晴夫：《西班牙“无敌舰队”》，海洋出版社1992年版，第3页。

兰以彻底失败而告终，此后西班牙再也无力组建如此庞大的舰队，也不能对英国构成严重威胁。

此后，英国政府于1589年、1595年、1596年、1597年多次组织霍金斯、德雷克等海盗头目率领英国皇家海军袭击西班牙军港，掠夺其沿海城市。在英国政府组织的国家与私人海盗势力的联合打击下，西班牙的霸权地位摇摇欲坠。1604年，西班牙被迫签订了《伦敦条约》，承认英国可以合法地、在未被西班牙所占领的土地上建立自己的殖民地。

至此，从15世纪末开始参与海外殖民探索，到17世纪初在美洲建立起属于自己的海外殖民地，英国走过了将近120年的漫长历程。此后，经过三次英荷战争，英国打败“海上马车夫”荷兰，从而进一步确立了商业优势地位，垄断了海上贸易。18—19世纪，英国在特拉法尔加海战等一系列战争中打败法国，成为真正的海上霸主。海军将领雷利曾说过，“谁控制了海洋，谁就控制世界贸易，而谁控制了世界贸易，谁就控制了地球的财富和地球本身”。从此，大英帝国扬帆海上，将海洋当作国家生存与发展的生命线，向海洋进军，扩张海洋势力，掌控海洋，通过海洋征服与扩张，完成了殖民帝国和世界霸主之梦，建立了傲视全球的“日不落帝国”。

五、“大陆均势政策”

三面环海和一边海峡与大陆相望是英国一个最为重要的地缘因素。曾任英国外交大臣的奥斯汀·张伯伦曾说过，地理因素的三个方面，对于英国的历史进程，对于英国的外交原则和政治家关注的问题有着决定性的影响：第一，英国是岛国；第二，将这个岛国与欧洲隔离开来的只是一条狭窄的水域；第三，这个岛国已成为一个幅员辽阔的帝国中心，而这个帝国的主要道路经过海洋和这个狭窄的水域。[①] 曾任英国首相的博林布鲁克则更明确地告诫国人："我们的民族居住在一个海岛上，而且是欧洲的主要民族之一，但要保持大国地位，我们必须利用这种地理优势，……我们必须记住，我们不是大陆的一部分，但也不能忘记，我们是他们的邻居。"[②]

基于这种独特的地缘位置：一方面，岛国文化的海洋性特征，决定了追逐海洋霸权成为英国战略的首要选择；但另一方面，岛国与欧洲隔离开来的只是一条狭窄的水域，不足以真正阻挡任何一个大陆强国对国家安全的可能威胁，一个称霸大陆的列强将拥有足够的资源和力量来对近邻的不列颠岛发动攻击。所以，英国国家大战略中还需要一个与海洋战略互为关联的战略选择——大陆战略，海洋战略与大陆战略缺一不可。保障英国岛国安全与稳定有赖于大陆战略的有效实施，而海洋霸权获得的前提是欧洲不能有威胁英国岛国安全的大陆霸权存在。

自伊丽莎白女王开始，英国彻底放弃对大陆的领土野心，不再谋取欧洲大陆的领地，采取了孤立于大陆之外的手段，积极发展海军和开拓海外市场。但英国政府对欧洲

---

① 丹拥军：《试论二十世纪英国的孤立主义外交》，《天津师范大学学报》2000 年第 4 期。

② 刘鹏辉：《为什么偏偏是英国》，世界知识出版社 1998 年版，第 77 页。

大陆仍然十分关注，因为这里的局势与英国的国家安全和利益密切相关。在伊丽莎白统治前期，英国安全面临的最大威胁来自法国，法国人口达到英国的三倍以上，并且在法国收复加来港后，英吉利海峡南侧的上风海岸被法国完全控制了。考虑到当时的船只逆风航行还很困难，而英吉利海峡盛行西南风，英国海军时常被封锁在港内达几天或几周这类情况，法国的优势就不言而喻了。而且法国与苏格兰是传统盟友。为了对抗法国的势力，英王伊丽莎白一直努力维持与西班牙的友好关系。

但 1567 年，西班牙军队到达尼德兰后，英国又感到了西班牙的威胁。尼德兰离伦敦最近处只有 100 海里。如果低地国家被西班牙国王征服，它随时可以利用尼德兰的财富和船只进攻英国，威胁到英国的安全，这是英国政府所不能容许的。为给西班牙施加压力，1572 年 4 月，英国政府与法国签订了《布鲁瓦条约》。走上了与法国交好的道路。直至不久后尼德兰革命高潮的到来，西班牙在尼德兰取胜的可能性减小，英国才又改变对西班牙政策，开始改善与西班牙的关系。1585 年后，西欧的国际力量对比发生较大变化，西班牙势力空前膨胀，法国与西班牙的大陆均势被打破。为了使法国与西班牙间的实力保持均衡，进而保证英国的本土安全，伊丽莎白一世不计代价地卷入与西班牙的战争，迫使西班牙军队撤出尼德兰，大陆均势得到维护。之后，为防止法国染指尼德兰各省，特别是沿海地区，英国交替使用孤立与干预手段，使得大陆均势策略在此期间获得了巨大发展。

从伊丽莎白一世开始的历任英国国王，从外交博弈中认识到，争夺欧洲大陆领土不仅很难给英国带来丰厚利益，还会使英国本土安全陷入危机。只有通过“大陆均势政策”才能实现维护本国利益最大化的目的。因此，英国为自己量身定做了这样的角色：成为一个欧陆棋局的天然平衡者，棋手是英国，棋子是欧洲诸国，棋盘是欧洲。英国在后面操纵欧洲国际关系的天平，瞅准机会，将自身的砝码放在较轻一方的称盘里，以维持欧洲大陆的平衡。争夺海洋霸权是为了扩充实力，如果没有海洋霸权，英国就无力有效维护欧洲大陆的均势体系；相反，如果欧洲大陆完全被其他某个霸权国家所控制，英国的海洋霸权也难以维持。正因为此种战略考虑，近代英国在努力缔造海权的同时，积极参与欧洲大陆的事务，制约和反对欧洲大陆霸权国家的出现，防止欧洲大陆屈服于某个强权之下，尤其是防止对岸的低地国落入某个强权之手而对英国形成直接威胁。由此，英国确立了“大陆均势政策”，并为后世沿用数百年。

“大陆均势政策”体现的是欧洲大陆国家外交关系的一个重要原则——均势原则。具体而言，就是联合弱国抑制强国或国家集团。一旦欧洲出现相对稳定的均势态势，英国则退出扶弱抑强的结构，游离于欧洲大陆事务之外。正如丘吉尔在《第二次世界大战回忆录》中所说：400 年来，英国的对外政策，就是反对大陆上出现最霸道的国家，英国总是与相对较弱的一方并肩，对付较强的一方。而不管强者与弱者是哪一个国家。英国判断盟友和对手的唯一依据，就是大陆各国之间力量是否平衡。由于政治经济发展不平衡规律决定了各个国家的发展速度的不同，强者和弱者的地位总是在不断变化之中。也就是说，经过一个时期的发展，强者可能成为弱者，而弱者则又成为强者，所以英国必须不断调整支持的对象，才能维持欧洲大陆的均势。从英国推行“大陆均势政策”的过程来看，其盟友和对手总是不固定的。

17 世纪初的荷兰建立起世界上最大的商队，取得海上贸易的垄断权。荷兰势力的逐渐强大，成为英国海上扩张的障碍和主要威胁。于是，英国政府对内加强海军建设，对外结盟大国瑞典增强力量，之后又通过多次战争将荷兰击败，原来有利于荷兰的均势逐渐发生了变化。17 世纪后半期，法国在路易十四推行的重商主义政策下成为欧洲大陆的政治、经济和军事强国。1667 年法国以索要遗产为由向西班牙开战，英国与荷兰、瑞典结成三国同盟予以干预；1688 年开始的奥格斯堡同盟战争中，英国国王威廉三世毫不犹豫地加入了反法阵营，希望通过扶弱抑强遏制法国霸权。1701 年开始的西班牙王位继承战中，英国先是扶弱抑强与荷兰和奥地利缔结了反对法国的同盟，后来，当俄国取代瑞典拥有了波罗的海的霸权和奥地利力量迅速膨胀后，为了防止奥地利可能的霸权，英国又离强合弱背离奥地利，与法国等国签订了《乌得勒支和约》，这说明英国并非为哈布斯堡而战，而是借以防范威胁自己的强权。

大革命之后在拿破仑统治之下的法国，延续了历代君主追求扩大法国天然疆域的政策，东征阿尔卑斯山和莱茵河，南跨比利牛斯山脉直挺地中海，西进大西洋，北指低地国家，严重破坏了欧洲均势。英国联合大陆国家不断变换阵营组合成联盟，经过奥地利王位继承战争、七年战争等，英国先后组织了七次反法联盟，最终彻底打败拿破仑领导下的法国。但为了维持大陆均势，英国主导的维也纳会议对战败的法国表现出了相当的宽容大度。1814 年 5 月 30 日签定的第一次《巴黎和约》为法国保留了 1792 年 1 月 1 日以前的疆界，保留了大部分殖民地；法国无需赔款和割让领土，也没有被军事占领，甚至连拿破仑从其他国家掠夺来的艺术珍品都无需归还。1815 年 11 月 20 日签字的第二次《巴黎和约》依然不算苛刻，法国仍然保留了 1790 年以前的疆界，仅赔款 7 亿法郎。当然，为了防止法国再次“危害欧洲安宁”，英国在法国周围设置了一个“安全系统”：奥属尼德兰和荷兰共和国合并，组成尼德兰王国，成为布置在法国北部的一道屏障；沿法国东部边境是几个德意志邦国和瑞士联邦；法国东南部的撒丁合并热那亚、萨瓦和尼斯；奥地利加强了在意大利北部的统治。维也纳会议后，法国作为平等成员加入了四国同盟，以英、俄、普、奥、法五国为主导的均势格局在欧洲确立，而这正是英国长期苦心经营的欧洲权力均衡政策的结果。

19 世纪上半期，沙俄成为欧洲大陆的强国，并采取扩张政策，破坏了欧洲大陆的力量平衡，损害了英国利益。为此，英国联合法国，在 1853—1856 年间发动了克里米亚战争，打败了沙俄，恢复了均势。19 世纪末，德国崛起破坏了欧洲大陆均势，并对英国构成威胁。于是，英国调整了与法国和俄国的关系，并在一战中共同打败德国恢复了欧洲大陆均势。第一次世界大战后，德国战败，但是英国不愿过分削弱德国，让法国独霸欧洲，所以采取扶持德国的政策，提高德国政治地位，恢复其经济实力，平衡法德之间力量的失衡。20 世纪 30 年代，德国在欧洲大陆实行侵略扩张政策，英国意图祸水东引，纵容德国侵略苏联。在绥靖政策失败后，英国又一次联合欧洲大陆国家以及美国等，共同打败德国，维护了本土安全。

纵观英国的“大陆均势政策”，在不同时期其手段和方式有所变化，但维持欧洲大陆力量平衡的目的始终如一。当英国在 18 世纪下半叶成为一个帝国和一个霸权国家后，其均势外交传统的手段一度面临两种选择：一是延续原来的干预政策，但这种过分承担义务和积极介入欧洲大陆事务的做法，与英国已经成为一个大国的国家利益不甚相符，而且还会让自己做出于国家利益了无补益的消耗；二是“光辉孤立”政策，这是对均势外交传统干预政策的拓展与创新，进行力量的收缩和减少在欧洲大陆承担的义务，将自己孤立于欧洲大陆事务之外，“隔岸观火”和“以静制动”，远避战火和纷争以保持自己最大的行动自由。面对自己在欧洲大陆战略地位的迅速上升和大国政治力量的分化组合以及权衡国家利益后，英国对外交战略做出调整，开始实行所谓的“光辉孤立”政策。其主要内容是：不间断地扩充海军实力，组成几个具有强大战斗力的舰队。这些舰队分别巡航于各大洋之上，坚守从欧洲到亚洲航道上的所有战略据点。遵循运用海洋保护国土及其殖民地的方针，尽量不与大国结成永久性同盟，以保持外交行动的自由。凭借雄厚经济实力和强大海军的物质基础以及岛国的特殊地位，英国的角色由积极参与者变成地缘战略棋手，积极的干预手段转换成孤立手段。目的是利用大陆列强间的彼此消耗保全英国的大国地位并维护海外商业利益。进入20世纪，力量逐渐削弱的英国又被迫放弃“光辉孤立”政策。

第二章　法国

一、罗马的高卢行省

今天的法国地处欧洲大陆西部，领土大致呈六边形。其中三条边界线与陆地国家接壤，分别是东北部与比利时、卢森堡相接，东部与德国、瑞士、意大利等国为邻，西南与西班牙、安道尔接壤。另有三条边界线濒临海洋，西北隔英吉利海峡和多佛尔海峡与英国相望，西面为大西洋的比斯开湾，东南濒临地中海水域。海岸线长约3000公里。法国的地缘特点之一是开放性。法国著名地理学家阿勒贝尔·德芒戎说："法国肯定是欧洲各国中最少与世隔绝、最不闭塞的国家之一。"它既是沟通北海和地中海的陆上桥梁，也是西欧通往南欧、北非和亚洲的交通要道。在欧陆内部，法国与大陆邻国比利时、卢森堡和德国之间地势平缓，无任何天然障碍，来往畅通无阻。这种地缘上的开放性无疑有利于早期的外族入侵。

法国人的祖先高卢人最早也是从外部迁入的。高卢人就是希腊人所称的凯尔特人，最初发源于中欧多瑙河流域。公元前10世纪前半期，他们开始大规模向外扩张。公元前6世纪前后，凯尔特人开始大举进入今法国境内，公元前5世纪已分布于法国各地，成为法国境内的主要居民。在此过程中，凯尔特人逐渐同化当地居民，实现了与当地居民的融合。

公元前2世纪，罗马人崛起。罗马人把凯尔特人称作高卢人，把凯尔特人所居住的广大地区称为高卢。经过几十年时断时续的战争，罗马人先后征服了巴尔干半岛、西班牙的一部分和山南高卢，继而又占领了今天法国的地中海沿岸地区，并建立纳尔邦高卢行省，确立了罗马对山外高卢的部分统治。公元前58年，罗马著名政治军事统帅凯撒出任高卢行省总督。此后，凯撒率领罗马军团东征西杀，在短短几年的时间里，征服了高卢的大部分地区。从此，独立时期宣告结束，高卢进入了一个新的历史时期——罗马化时代。

在罗马人到来之前，高卢是地中海的落后地区，森林稠密、人烟稀少，经济极不发达。罗马征服高卢以后，大批罗马人涌入高卢，大量的荒地被开垦出来，耕地面积大为扩张。不久，罗马式的大奴隶制庄园在高卢各地建立起来，原先不出产粮食和葡萄的高卢，成为地中海地区粮食和葡萄的著名产地，在罗马享有很高的地位。罗马人先进的农业、手工业和采矿业技术，使高卢社会的生产力有了较为迅速的提高。原始社会很快瓦解，奴隶制度开始形成。经过罗马几百年的统治，高卢完全摆脱了野蛮状态，成为一个文明的、拥有较发达生产力的奴隶制社会，也成为“整个罗马帝国中最繁荣的地方”。它的农业、商业、手工业均享有盛誉，里昂、波尔多、马赛都是罗马重要的商业城市，与罗马其他地区保持着最密切的联系。

罗马为加强统治，对高卢的上层人物实行拉拢收买政策。授予高卢贵族以罗马公民权，有选择地将一些贵族补充进罗马元老院。罗马政府还培植高卢贵族，让他们担任行政机关的官员，在罗马的监督和帮助下管理地方事务，或担任高卢人组成的罗马辅助部队的将领。普通高卢居民凡志愿加入罗马军团者，一入伍就可取得罗马公民权，退役后还能获得土地和养老金，成为当地显贵。与此同时，罗马加快向高卢移民。大批罗马人进入高卢，逐步与高卢原来的居民融合，形成高卢—罗马人。虽然以后又加入了蛮族血统，但因入侵的法兰克人数量有限，所以高卢—罗马人的血统大部分得以保存。直到今天，法国人仍被称为拉丁人，以区别于罗马帝国以外的日耳曼人。

罗马还极力在高卢推行拉丁化，把罗马人使用的拉丁文作为官方使用的文字，拉丁语也逐渐替代了原先高卢人所说的凯尔特语成为全国的通用语言。西罗马帝国灭亡以后，高卢人所说的通俗拉丁语又和入侵的蛮族语言相融合，到9世纪逐步形成罗曼语，即中古法语。近代法语就是在罗曼语的基础上发展形成的。高卢被纳入帝国范围，还为基督教的迅速传入做好了准备。基督教最初传入高卢的时间约为1世纪末2世纪初，初期发展较慢。2世纪中叶以后，里昂和维恩等地都出现了许多基督教团体。到4世纪初，高卢各地已有20余位主教。在主教们的努力下，大批民众皈依基督教。随着基督教合法地位的取得，基督教的势力迅速增长，到5世纪初，几乎所有的居民都成为了基督徒。而在那些罗马帝国以外或影响较小的地区，基督教的传入则要晚得多。如德国的萨克森要等到 8 世纪末 9 世纪初，而基督教占领波罗的海沿岸的普鲁士、立陶宛等地，则迟至 12—14 世纪。罗马人的统治，还给高卢带来了法律。西罗马帝国灭亡以后，罗马法及其基本概念并没有随之消失，而是对后来的法国历史产生了深刻影响。

总之，罗马人长达 500 年的统治对法兰西文明产生了深远影响。西罗马帝国灭亡以后，高卢就是在这种较高的起点上进入封建社会的。尽管它的蛮族统治者是从原始社会直接进入封建社会的，但由于整个社会经济文化起点高，所以封建化时间也较短。比起那些罗马化较浅或根本没有罗马化的地区，如英格兰和德意志，法兰西封建化完成的时间要提前 200 年左右。

二、法兰克人的国家

3 世纪，罗马帝国的统治出现了政治经济的全面危机，边境上的驻军也因此而逐渐减少。随着罗马人统治的日渐衰落，原居住于高卢东部边界的日耳曼部落在欧亚大陆民族迁徙的影响下，掀起了一次又一次入侵罗马的浪潮。至 5 世纪后半期，日耳曼人最终摧毁了罗马人的统治。5 世纪末，日耳曼人的一支法兰克人开始大举入侵高卢北部。481 年，墨洛温家族的克洛维（481—511 年）在莱茵河与默兹河之间的土地上建立法兰克王国，首都设在巴黎。496 年的圣诞节，克洛维受洗皈依基督教，并成为高卢基督教会的领袖。自此，法兰克人获得了罗马教皇和教会势力的支持，实力逐渐增强。至6世纪初，法兰克王国征服了高卢的绝大部分地区，成为当时欧洲最强大的国家。此后一两百年的历史进程中，罗马化的高卢社会和法兰克社会逐渐同化，法兰克人原先使用日耳曼语言，现在改用拉丁语。法兰克人带来了所有的法律习惯，同时他们未曾全盘否定罗马的法律体制。高卢此前原有的居民与这些法兰克人不断融合，最终形成了后来的法兰西民族。

9世纪前后，卡洛林王朝查理大帝统治时期（768—814年），法兰克国家达到了极盛，建立起庞大的查理曼帝国。其疆域东起易北河和多瑙河，西至大西洋，南起比利牛斯山和意大利，北至北海。其疆域之大，完全可以与昔日的罗马帝国相媲美。查理大帝是一位兼具文韬武略的封建君主。为了维系具有不同语言、法律、经济条件和风俗习惯的众多种族组成的庞大帝国的统一，查理大帝非常重视立法工作，试图在国家生活的各个方面都制定出可行之整个帝国、不管哪个种族都能遵守的法规。据估计，他在位46年间共制定的65个敕令中含有的法规达千余条，涉及政治、刑法、民事、教会、道德和家内事务等各个领域，其数量之多、涵盖之广，令人折服。为强化帝国的宗教信仰，他让人校对拉丁文本的《圣经》，而后在全国强制推行。查理大帝还极为关注文化教育的发展，建立宫廷学校和教会学校，邀请欧洲各地的著名学者前来任教，并要求官宦贵族和教会僧侣入校学习。同时赋予教师向各地传播文化的使命，包括在农庄里建立免费的学校，教农夫及其子女识字。在查理大帝的积极倡导和推动之下，法兰克国家的文化在吸收欧洲各地文明成就和恢复古代精神文明成果的基础上获得了较大的发展。

查理大帝去世后，843 年和 870 年，他的三个孙子通过签订《凡尔登条约》和《墨尔森条约》两次瓜分帝国，把帝国一分为三：莱茵河以西操罗曼语（拉丁语）的地区归“秃头查理”，称西法兰克王国；莱茵河以东操日耳曼语的地区归日耳曼路易，称东法兰克王国；东西法兰克王国之间的一块狭长土地（洛林）以及北意大利地区归长兄罗泰尔，帝位也由其继承，称日耳曼帝国。近代西欧的三个大国法兰西、德意志、意大利就是在帝国三分的基础上形成的。西法兰克王国就是近代法国的雏形。

自查理曼帝国解体后，西法兰克王国封建领主制盛行，政治权力下移，领主在其领地内行使独立的行政、司法权力。统一的国家政权机构实际上已不复存在，王权名存实亡。而 9—10 世纪，外族尤其是北欧诺曼人的入侵，不但使农民流离失所、耕地荒芜，给经济的发展造成了很大破坏，更重要的影响是在政治上。在诺曼人入侵过程中，王室无力保疆卫国，卡洛林王朝威望日益跌落，各地封建贵族借机扩充势力，加速了政治分权局面的形成。西法兰克王国陷入诸侯割据、四分五裂之中。

987 年，卡洛林家族的国王路易五世死后无嗣，大贵族法兰西公爵休·卡佩继承王位，自此开始了卡佩王朝的统治，西法兰克王国也开始称法兰西国家。初期，卡佩国王们的实际统治仅限于法兰西岛附近区域，也就是从塞纳河到卢瓦尔河之间不到 3 万平方公里的地区，仅占法兰西全部国土面积的 1/15 左右。封建领主们各自为政，仅仅承认卡佩国王是他们名义上的宗主。直到王权复兴前，法国没有系统的国家政权机构、没有固定的首都、没有统一的法律，没有稳定的税收制度，也没有常备军队，仅靠封建等级制度维系着各级封建主之间的联系，维持着社会秩序。王室财政收入来自王室领地和所辖教会，国王打仗主要是依赖封建附庸的私人武装。这种状况一直持续到11世纪下半叶。

11世纪中期以后，社会经济的发展为王权的增强提供了有利的条件。首先是经济交往关系的扩大、各地之间经济联系的加强在客观上要求结束政治分权的局面，实行政治和领土的统一。与此同时，封建地主制的形成和城市的兴起为封建王权的加强提供了可依靠的阶级力量——封建地主和城市市民。封建地主因为没有独立政治统治权，缺乏对农民的直接人身控制，迫切需要一个强大的国家政权以维护他们的特权地位、维护他们对广大农民的经济剥削和政治压迫；市民阶级为了保障自己的经济利益，维护自己的特权和在城市内的统治地位，更需要国家的统一和王权的强大。这两个阶级成为王权在城市和农村的基本依靠力量。正是在封建主阶级和市民阶级的支持下，国王利用联姻、外交、战争、购买等手段不断消除割据势力，千方百计扩张王室领地。到卡佩王朝结束时，王室领地面积已扩大到全国土地总面积的70%。随着统治区域的逐渐扩大，国王开始在领地内建立地方区划，亲自任免地方官吏，关注地方政务，同时发展起各种政府官僚机构，并建立统一税收制度，等等。

1328年查理四世死后，卡佩家族绝嗣。英王爱德华三世以法王外甥的资格要求继承王位。但法国三级会议以

《萨利克法典》中“女子没有继承权”为由，拒绝了英王的要求，并推举伐洛瓦家族的菲利普继承王位，为菲利普六世，自此开始了伐洛瓦王朝的统治。但英王并不甘心失去继承权，于是，从14世纪中期开始，由法国王位继承问题引发了英法两国之间一场旷日持久的战争，这场战争断断续续进行了百余年，史称“百年战争”。强敌压境、国家危亡的境地使君主成为抗击外敌的一面旗帜，因而中央王权也有了极大的增强。为维持长期战争的需要，法王建立了常备的雇佣军，由15个雇佣兵队组成，主要部分是骑兵，也有步兵、炮兵和海军。为了支持抗英战争，三级会议先后批准永久征收交易税、盐税等间接税以及对平民征收基于财产的直接税。常备军和固定税的建立为法国君权的强大奠定了基础。

而伴随着中世纪后期社会运动的发展，特定地域空间的民族交往愈益广泛，此时不仅在政治上形成了对王权的一致认同，而且也逐渐形成了一种文化认同。在此基础上，民族意识、民族感情迅速增强。百年战争中涌现出的忠勇爱国的民族女英雄贞德成为法兰西民族国家形成的重要推动力量。她在被捕时说：“我清楚地知道这些英国人将杀死我，因为他们希望在我死后去得到法兰西王国。但是，如果我们比他们多10万人的话，他们将绝不能征服法国。”在贞德爱国精神的激励下，法国人民凭借高涨的爱国热情驱逐了英国侵略者，最终收复了英王室在法国领有的大部分土地，赢得了百年战争的胜利。

百年战争结束后，伐洛瓦王朝的国王们继续通过战争和联姻等方式剥夺封侯的领地，并将这些土地集中于王室的直接控制之下。尤其是勃艮第问题的解决，奠定了法国成为欧洲强国的基础。由于历史原因，法王虽然是勃艮第公国的宗主，但这个公国却长期割据一方，并与法国王室作对，成为法兰西的一颗毒瘤。直到 1477 年勃艮第公爵“大胆查理”兵败被杀，法王扫除了国家统一的心腹大患。到路易十一在位后期（1461—1483 年），法国基本上完成了领土的统一，近代法国版图轮廓初步形成。

15 世纪末的法国成为欧洲大陆举足轻重的大国，它拥有广阔的领土、众多的人口，自然条件在西欧各国中最为优越。美国学者房龙在书中说：“法国是一个被大自然和地理环境极力呵护的国家。”这块广阔的六边形土地气候温和、土壤肥沃，从南到北没有一块沙丘或盐碱地。丰富的自然资源、自给自足的农业供养着远比它的邻居们多得多的人口。难怪房龙的口吻不无嫉妒：“法国人，这些幸运的家伙，生活在地球天堂中，拥有想要的一切。”拿破仑也认为，法国像狮子居于其他动物中那样处于欧洲的国家中，“那些被召唤出来掌握这样一个王国的人，应当了解法国所享有的这种有利地位的全部价值和意义，绝不允许让天生要成为太阳的国家堕落成为一个卫星”。①

三、突破哈布斯堡围困

法国崛起之路上的第一个对手就是哈布斯堡王朝。16

① 陈乐民、周荣耀：《西方外交思想史》，中国社会科学出版社 1995 年版，第 73 页。

世纪末，哈布斯堡王朝建立起一个庞大的帝国，它在欧洲的势力范围包括西班牙，意大利的撒丁、西西里、那不勒斯等地，中欧的奥地利、施蒂里亚、卡琳西亚、卡尼奥卡四个公国和蒂罗尔州，大片的勃艮第领地（弗朗什孔泰、卢森堡、尼德兰）……大半个欧洲都处于哈布斯堡王朝统治之下。而波旁王朝统治下的法国几乎处于哈布斯堡王朝的包围之中：南边是西班牙；西南边是意大利北部城邦，多为西班牙所掌控；东边是法朗奇康德区，也在西班牙控制之下；北边则是西属荷兰。少数不为西班牙哈布斯堡家族所控制的边疆，也受制于奥地利的哈布斯堡家族。洛林公国人对奥地利的神圣罗马帝国皇帝表示效忠，今日阿尔萨斯境内的莱茵河沿岸各战略要地也同样效忠于它。

面对哈布斯堡家族的包围态势，亨利四世（1589—1610年）推行均势外交，积极寻求和新教国家英国、荷兰以及德国结成反哈布斯堡联盟。17世纪开始，各国统治者在外交中普遍奉行均势政策，自动调节的均势机制成为欧洲国际关系的秩序法则。按休谟所言，均势政策是建立在“常识与显而易见的推理”基础上的，是“自我保存”法则的应用。而美国前国务卿基辛格则分析这是欧洲自身特殊环境的产物：生存空间狭小却存在着多个国力相当的国家，这使得欧式外交往往通过结盟共同对抗可能发生的变局，旨在使变动不已的各国势力保持均衡。[①] 均势体系的作用在于使一国宰制他国的能力受到限制。罗素说：欧洲的均势实际上意味着欧洲数个国家的独立，任何一国的

① ［美］亨利·基辛格：《大外交》，海南出版社1998年版，第16页。

优势地位都会威胁或破坏这种独立。因此，“权力均衡”这一外交策略模式的基本准则是：联合起来，反对任何一个企图称霸的国家。也就是说，若有一国看来太过颐指气使，其他国家，除非由于意气相投或其他原因甘愿做它的仆从国之外，都会避开与其结盟，而与其他较为弱小的国家结盟。这样，它们就在创立一种均势，即抗衡力量，或者“恢复均势”，以对抗这个因拥有优势而使它们感到害怕的国家。亨利四世正是试图通过均势法则“削弱哈布斯堡家族的实力，并维持欧洲列强之间业已形成的有利于法国的均势”。[①]

1610 年亨利四世遇刺身亡，路易十三继位，担任宰相的红衣主教黎塞留（1624—1642 年在任）沿袭了亨利四世时期的均势策略并进行了创造性的发挥，在外交上仍以打击哈布斯堡势力为目标。此时，正值三十年战争进行之际。1618 年，在德国两大诸侯集团矛盾日益尖锐，而西欧各国关系错综复杂、形势紧张的背景之下，哈布斯堡王室压迫捷克新教徒，剥夺其政治权利，激起了捷克人民起义，从而引发战争。战争初期，主要是基于意识形态分歧的德国内部新教与旧教之争。但开战不久，各国基于政治、经济的原因以及相互之间的勾心斗角，使这场战争转变为各方争权夺利、扩疆拓土的混战。西欧、北欧、中欧的主要国家几乎都先后卷入，一方是以法国为首，包括瑞典、丹麦以及在宗教改革中扩大了疆土、增强了实力的德

① ［苏］В. П. 波将金等编：《外交史（第 1 卷）》，生活·读书·新知三联书店 1979 年版，第 342 页。

意志诸侯；另一方是以神圣罗马帝国皇帝为首，包括奥地利、西班牙以及在宗教改革中失去了疆土与削弱了实力的德意志诸侯。战争规模也由德国的内战演变为一场全欧性国际战争。

实际上，这场战争既反映了哈布斯堡家族和波旁家族之间的深刻对立，又反映了荷兰、瑞典以及一些德意志诸侯的各种利害关系：法国力图打破哈布斯堡家族对它的包围状态，荷兰为反对西班牙哈布斯堡家族以维护独立地位，瑞典极力要争得波罗的海沿岸的霸权，一些新教诸侯则是要维护自己的领地和各种权益，因而不时地相互配合行动。在战争中，法国先是作壁上观，支持丹麦、瑞典、荷兰等新教国家以及德国新教诸侯参战，通过援助敌人的敌人、贿赂、挑起叛乱等方式消耗交战国的力量，拖延战争。战争进行到第 17 年时，双方都已打得民穷财尽，似乎有停止敌对而妥协谋和的迹象时，黎塞留却“不希望在法王的势力足以与哈布斯堡皇帝相抗衡，最好是更强大之前，中欧出现妥协”。[①] 于是，法国不得不采取公开干涉的政策，站在新教诸侯一边加入战争，以彻底摧垮哈布斯堡王朝势力。

1635 年 5 月，法国先后与荷兰、瑞典以及法国东南部紧邻意大利的萨瓦、帕尔马公国结盟。随后，法军进入意大利北部，并向西班牙宣战。次年，瑞典又重整军备再次参战。黎塞留采取的战略是分兵数路，把主要战场仍摆在德意志。战争迅速展开，各地战乱不断。当时，“在德国大

① ［美］亨利·基辛格：《大外交》，海南出版社 1998 年版，第 40 页。

地上互相角逐的各派势力，谁都决定不了战争的结局，于是战争的支配权就落入法国之手”。[①] 至1642年黎塞留去世时，战火依然旺盛，双方互有胜负得失，但军事优势已逐步转到法国和瑞典方面。应该说，黎塞留的策略极为成功，他正是利用了各国的不同心理和互相之间的利害关系，致使1618年开启的战端年复一年地打下去，直到主战场德意志境内破坏惨重，国土荒芜，民不聊生。交战各方战费拮据，筋疲力尽。哈布斯堡王朝和天主教同盟陷入彻底失败。

1648年《威斯特伐利亚和约》结束了战争，法国成为最大的受益者，获得了除斯特拉斯堡之外的阿尔萨斯和早年占领的麦茨、土尔、凡尔登三个主教区，这不但增强了法国的实力，更意味着法国拥有了通向德意志的战略通道，以此形成了压制德意志的有利地位；神圣罗马帝国则受到沉重打击，陷入分崩离析的境地；西班牙的实力也被极大削弱，其优势地位不复存在。至此，法国终于摆脱了长期受困于哈布斯堡家族的被动状态。

《威斯特伐利亚和约》的缔结虽然结束了三十年战争，但西班牙哈布斯堡家族却不肯放弃对欧洲霸权的争夺，拒绝在和约上签字。因此法国和西班牙并未恢复和平。两国的战争仍在继续。初期西班牙联合英国，并利用法国统治集团中一部分人掀起的“新投石党”运动，一度使法国面临内外交困的严峻局面。1657年后，在法国的拉拢之下，

① ［德］弗兰茨·梅林：《中世纪末期以来的德国史》，生活·读书·新知三联书店1980年版，第53页。

英国背离西班牙转而与法国建立法西同盟，共同对西班牙作战，战争形势逆转。战争的结果，西班牙终归失败。这根“哈布斯堡大厦中最坚固的支柱之一”也坍塌了。法西两国于1659年缔结了《比利牛斯和约》。根据这个和约，法国获得了大片领土，包括卢森堡的一部分、鲁西荣、塞尔达涅北部、阿尔图瓦以及弗兰德斯的一些城市。此外，法国实现了波旁王室与西班牙哈布斯堡王室的联姻。这一场战争，是法国继三十年战争后获得的又一次胜利。法国通过和约不仅扩展了疆界，增强了力量，而且还赢得了干预西班牙王位继承的权利。

在半个世纪的时间里，凭借着“国家利益至上”的外交理念和“权力均衡”的外交策略模式，黎塞留及其继任者陆续战胜了主要对手——奥地利哈布斯堡家族和西班牙哈布斯堡家族，扭转了法国外交中的不利局面，法国“靠着打劫它两个最弱的邻国——西班牙和德国而强盛起来”。此后，欧洲大陆出现了对法国极为有利的相对均势状态的格局，正是在此背景下，路易十四走上了大陆扩张的发展道路。

四、追求“天然疆界”

所谓“天然疆界”即“大自然本身为法国规定的疆界”，也就是说，法国应以大自然赋予的天然屏障——大西洋、比利牛斯山、地中海、阿尔卑斯山、莱茵河以及北海为其疆界。这一政策思想最早源于亨利四世时代的“宏伟计划”，目的是为高卢收回大自然为它指定的疆界，“将法国置于高卢的位置上，在原属古代高卢的一切地方建立新的高卢”。[①] 黎塞留掌权时期继续致力于这一政策的推行，他在《政治遗书》中就声称其秉政之目的在于“为高卢收回大自然为它指定的疆界”。当时许多御用文人都在试图论证莱茵河“一直是法国的疆界”，并鼓吹一旦法国取得莱茵河、阿尔卑斯山和比利牛斯山为界的广大地区，“欧洲的和平就会有保证”。其后的首相马扎然继承黎塞留的衣钵和政治遗产，通过缔结威《斯特伐利亚和约》和《比利牛斯和约》，向法国“天然疆界”的目标前进了一大步。天然疆界不仅使法国在西部和南部、东南部无后顾之忧，而且占据莱茵河这条退可以守、进可以攻的命脉，就为深入欧洲腹地开辟了道路，为称霸欧洲创造了条件。

1661 年路易十四亲政时，法国处于极为有利的国内外环境中。在国内，中央集权的君主专制制度得到强化，重商主义的经济政策带来了工商业的繁荣。路易十四利用手中的权力和日益雄厚的财力，不断扩充军队，使陆军人数在 1690 年达到 30 万人、1703 年增至 40 万人，海军人数在 1677 年达到 4 万人，此外还拥有近 200 艘战舰、7000 门大炮。[②] 国际上，法国的宿敌——德意志和西班牙的哈布斯堡家族已经衰弱不堪，斯图亚特王朝在英国复辟，其反动政策削弱了英国的国际作用。英王查理二世因为财政问题不断地同议会争吵，基本上依赖于法国的外援。由此看来，法国这个时期在欧洲已经没有一个强敌。路易十四遂

① ［苏］B. П. 波将金等编：《外交史（第一卷）》，生活·读书·新知三联书店 1979 年版，第 345 页。

② 沈炼之：《法国史》，人民出版社 1990 年版，第 125 页。

利用有利的国际形势制订了雄心勃勃的扩张计划，他扬言要“夺取神圣罗马帝国皇帝的皇冠，成为全欧洲的主宰”，梦想能实现法国所谓“天然疆界”的宏大计划。

路易十四为实现法国“天然疆界”的首次尝试是遗产战争，目的是夺取西属尼德兰，扩展法国的东北部疆界。1665 年，西班牙国王菲利普四世去世，路易十四以其妻玛丽·特蕾莎为嫡长女因而有优先继承权为由，向西班牙索取遗产，战争由此而起。战争从 1667 年开始，西班牙几乎无力抵抗，法军持续胜利。后在荷兰与英国、瑞典结成的三国同盟的干预下，法国与西班牙于 1688 年签订了《亚琛和约》。法国取得了南尼德兰的部分领土，其中包括有里尔、列日、沙勒尔瓦、弗兰德斯等 12 座边境设防城市。路易十四部分实现了其外交目标。

路易十四第二次使用武力实现法国“天然疆界”的行动是法荷战争，目的是继续向北海与莱茵河扩展法国的北部和东北部疆界。1672 年法国大军进攻荷兰，战争爆发。很快，英国站在法国一边对荷兰发动海上进攻。战争前期，法国获得全胜。但因荷兰决堤放海水阻挡法军，使战争拖延下来。后期，由于荷兰与西班牙、奥地利结成军事同盟，而英国迫于国内压力于 1674 年退出了战争。感到战争前景并不乐观的法国决定在占据军事优势的情况下与荷兰和谈，1678 年法荷两国签订了《奈梅根和约》，战争结束。作为胜利者的法国割占了奥地利的部分领土，占领了西班牙在尼德兰的弗朗什孔泰和弗兰德斯的两个据点，控制了德意志的一些小邦并在外交上孤立了勃兰登堡。至此，法国的疆界得以进一步向东推进，法国的霸权也在这一时期达到鼎盛。

实现法国的“天然疆界”，争夺欧洲大陆的霸权。这一对外战略的制定与法国不利的地缘环境有着密切的关系。法国由于其地缘位置，东西南三面开阔不宜固守，历史上多次遭到外敌入侵。同时，法国在诸多欧洲大国之间，又不断受到排挤甚至围剿。因此“几乎从开国时起，法国就有一种戒备和防范心态，即使在横扫六合的武力扩张时期，也表现出这种敏感的情绪”。[①] 路易十四亲政后不到 20 年，便依靠国内中央集权、对外战争及联盟外交，使法国无可置疑地拥有了显赫的超强地位和其余欧洲国家难以企及的安全优势。然而即便如此，他和他的主要幕僚居然认为，法国不仅远非安全，而且其胜利更会成为邻国的攻击对象。路易十四的军事幕僚沃邦就将法国看作一个被围困的堡垒，用他的话说：“差不多是在基督教世界各个最强国家的正中间，处于从西班牙、意大利、德意志、低地国家和英国发动打击的同等距离之内。”[②] 于是，很大程度上为了追求万无一失的绝对安全，法国便接连不断地诉诸武力来拓展疆土。约翰·A. 林恩认为，“从 1678 到 1697 年，法国的战略就其目标而言远更具有防御性，虽然其手段往往咄咄逼人”。[③] 路易十四力图建立一条可防御的边界，法国军队沿此边界将夺取战略上的制高点，并且掘壕固守。

① 潘琪昌：《欧洲国际关系》，经济科学出版社 2001 年版，第 308 页。

② ［美］威廉森·默里等：《缔造战略：统治者、国家与战争》，世界知识出版社 2004 年版，第 210 页。

③ ［美］威廉森·默里等：《缔造战略：统治者、国家与战争》，世界知识出版社 2004 年版，第 208 页。

但没有一个国家能够在这个相互竞争的世界上感到绝对的安全。因为一个国家采取措施加强自身的安全，通常会减损其他国家的安全。或者说“即使每一个国家只追求自身安全，对邻国并无恶意，那么所有国家仍处于不安全中。这是因为一国获得安全的办法，是使其他国家受到威胁”。[①] 而且“如果国界应当根据军事利益决定，那么要求就会毫无止境，因为任何一条战线都必然有缺点，可能用兼并邻近新地区的办法加以改进，并且这种国界永远也无法最终和公允地划定，因为每次总是战胜者强迫战败者接受自己的条件，从而播下新战争的种子”。[②] 结果，安全与权力积累的恶性循环就产生了。

法国的优势力量和路易十四的雄心勃勃引起了国际社会的不安。早在1650年，法国在反哈布斯堡王朝的斗争中脱颖而出后，英国辉格党人弗里曼在一份外交政策备忘录中重申英国在维持欧洲均势和欧洲安全中的重要性，强调英国是法国野心的最大阻碍，应当阻止法国统治欧洲的企图。这份备忘录很快在荷兰匿名出版，并被译成拉丁文和德文，在欧洲大陆广为传布。[③] 因为法国对霸权的追求打破了欧洲内部的平衡，也改变了欧洲的政治格局。法国取代哈布斯堡王朝成为欧洲霸主也就成为威胁“均势”的大患，终于遭致欧洲各国的联合抵制，在国际上日益陷入孤立。反对法国霸权于是成为一个关系着欧洲自由与安全

① ［美］肯尼思·沃尔兹：《国际政治理论》，中国人民公安大学出版社1992年版，第73页。

② 《马恩列斯论巴黎公社》，人民出版社1971年版，第25页。

③ H. D. Schmidt, “The Establishment of ‘Europe’ as a Political Express”, The historical Journal IX2, 1966, p. 174.

的问题。在1667年爆发的遗产战争中，荷兰、英国和瑞典三国就是因为感到法国扩张的威胁而结成了同盟，迫使法国结束战争并把占领的弗朗什孔泰退还给西班牙。1672年法荷战争胜利后，法国的力量显赫一时，不但战胜了与其争雄的荷兰，还用恐吓和谎言抢劫邻邦，把弱小国家置于它的铁蹄之下。但情势如路易十四的幕僚沃邦所言："法国当今已如日中天，使邻国望而生畏；他们全都希望他毁灭，至少希望削减他的权势。"①

1685年路易十四取消南特敕令的作法成为导火索，在欧洲掀起了大规模的反法浪潮。几乎所有的欧洲国家都站到了法国的对立面，共同组成了反法的奥格斯堡同盟②。但路易十四并没有意识到"权力均衡"原则的威力，为了阻止不利于法国的国际形势继续发展，巩固和扩大此前的外交成果，1688年法国入侵德意志的巴拉丁，发动了先发制人的战争。奥地利随即应战，之后，奥格斯堡同盟的各国也纷纷参战，很快形成一场几乎波及整个欧洲的大战。陆上与法国作战的主要是奥地利军队，海上战斗则主要是在法国和英荷联军之间展开的。陆军方面法国取得了一连串的胜利，但在海军对抗中处于明显劣势。在双方的僵持对峙中，战争持续了九年，谁也无力取得最后的胜利。直到1697年，精疲力竭的各方终于结束战争，签订了《里斯维克和约》。奥格斯堡同盟瓦解改善了对法国不利的国

① ［美］威廉森·默里等：《缔造战略：统治者、国家与战争》，世界知识出版社2004年版，第210页。

② 所有反对法国霸权的国家1688年在德意志南部的奥格斯堡举行集会，由此形成了反法的"奥格斯堡同盟"。其成员主要包括荷兰、瑞典、勃兰登堡、奥地利、英国、西班牙、萨伏依和德意志的一些小邦国，甚至教皇也参加了同盟。

际环境。但法国自《奈梅根和约》后所兼并的土地有许多物归原主，基本恢复到了战前状态。更不利的是英国舰队获得深入地中海的权利，取得了对法国海军的永久优势。此后，法国的优势地位开始衰落。

路易十四统治时期进行的最后一场大规模战争是西班牙王位继承战争，目的是并吞西班牙遗产，增强法国的势力，重振法国正在衰落的欧洲霸权。1700 年 11 月，西班牙国王查理二世死后无嗣，除西班牙本土以外，还留下了意大利的大部分、南尼德兰以及美洲广大殖民地、非洲西海岸的多处据点以及各大洋中的一些岛屿。为了争夺这笔丰厚的遗产，1701 年春战争在法国和奥地利之间爆发了。这一次，法国又陷入孤立，除西班牙、巴伐利亚和萨伏依等几个小国站在法国一边，英国、荷兰、奥地利、勃兰登堡、汉诺威和其他几乎所有欧洲国家于 1701 年 9 月组成了反法大同盟。随即奥地利与英国、荷兰正式向法国宣战，战争由此全面展开。这场战争也是谋求霸权的法国与试图恢复均势的反法联盟之间的又一次较量。结果法国的霸权企图被反法联盟彻底挫败，1713 年交战各方最终签订了《乌得勒支和约》。法国虽然保住了西班牙王位，也基本上保住了欧陆头等强国的地位，但它企图占领的西班牙领地被奥地利夺去，海上势力也大大削弱，海外殖民地大片丧失。一些重要殖民地和海上贸易权被迫让与英国。至此，法国在欧洲大陆的优势地位彻底丧失。

法国在战略上的问题是，尽管它的防御能力很强大，但它的地理位置并不有利于进行决定性对外征服战役，所以在各方面都受到了阻碍。因为欧洲国家奉行的传统均势政策，其要旨在于维护各大国之间权势大致均衡的分布，阻止其中一强取得压倒性优势，从而保证所有强国的独立生存和体系结构的多元性质。历史上，无论法国对周围的任何国家采取行动都会面临着各国联合的行动。如果法国向北进攻尼德兰南部，不仅会遭到哈布斯堡王朝的反击，而且英国和荷兰也不会坐视不管。向东进入德意志境内，会面临着奥地利、普鲁士和俄国的联合打压。即便是法国与普鲁士或奥地利中的任意一国结盟，法国仍会面对着一个德意志大国，更重要的是它会不惜一切代价地联合英国、俄国、荷兰等国击败法国。正如亨利四世的廷臣絮利所说："国家的强盛有它的限度，超过了这个限度，这个国家就会遭致敌对的妒忌者联合力量的反对。"[①] 这是法国难以突破的地缘困境和均势体系。

总的看来，路易十四统治下的法国，对外战争无疑是法国对外关系的常态，他亲政的 54 年中有 31 年处于战争状态，仅大规模的战争就达 4 次。法国先后发动对荷兰、西班牙、德国的多次战争，终于建立起优势地位。但絮利说过："只有能守得住的才是值得夺取的。"根据这一原则，法国的"天然疆界"只应按法国的实力来划定。法国六边形国土的几条陆地边线都是在与竞争对手的反复较量后最终得以确定。在西南，与西班牙的边界划分到 17 世纪下半叶才得以完成，确立了以比利牛斯山顶峰和朝向作为划分国界的依据。在东面，到了 17、18 世纪才逐渐形

① ［苏］В. П. 波将金等编：《外交史（第 1 卷）》，生活·读书·新知三联出版社 1979 年版，第 340 页。

成了以阿尔卑斯山、汝拉山、孚日山以及莱茵河的上游一小段作为边界线的基本格局。东北部的边界线是法国各条边界线中最不具“天然约束力”的一条，阿登山脉其实只能算作地势稍高的丘陵，而余下的部分边界则完全裸露在开阔的平原地带。这种通衢式的边境曾给法国君主提供了便捷的出击通道，但同时也给入侵者提供了敞开的大门。

五、陆海复合的地缘局限

法国的地缘特点具有陆海复合性。历史上，法国人的生活空间曾经出现反反复复的扩展与收缩，但始终不变的是海陆两栖，既是一个欧洲大陆国家，又是一个地中海和大西洋国家。海洋与大陆利益几乎平分秋色。一般来讲，大陆国家由于陆地的连续性而与邻国相接，与海洋国家相比缺乏安全性，生存竞争激烈。因此，大陆国家更倾向于闭锁的自给自足，占据一定地域作为生存圈。它们更关心国境线、政治经济中枢的位置、国土、周边地域的地形、人口、生产、资源、交通等。而海洋国家由于海洋所具有的隔离性不易受到其他地域的影响。如果保证海上的交通能力并夺取制海权的话，就可以通过商业贸易获得国家生存发展的能量。因此海洋国家非常重视海洋交通、贸易、物资交流的自由。

拿破仑曾说过：“一个国家的政策取决于其地理。”的确，一个国家是陆上大国还是海上强国，或者兼而有之？是同强国接壤，还是与弱国为邻？是否能将其全部力量集中投入到一条战线，还是需要同时在几条战线上作战？所有这些都会对一个国家的外交战略产生深刻影响。并且，地理因素还是影响国家战略和对外政策的最基本和最持久的因素。兼具陆海两种特性的法国在外交中同样表现出受制于此的双重性。回顾历史不难发现，贯穿于整个法国历史上的地理问题主要在于它同时拥有漫长的陆地和海洋边界，正是这一海陆兼有的地缘政治特点使法国面临两个方向的战略吸引，也承受着国家安全上的双重风险。处在陆海势力夹击之下的地缘劣势，促使法国必须努力在海陆两个方面的发展保持一定的平衡，有限的资源和力量因此被分割开了。这种战略上的两难处境一直困扰着法国的历代统治者。

一方面，作为一个大陆国家，法国崇尚土地和陆上扩张。按照法国历史学家费尔南·布罗代尔的说法，法国人“对陆地的迷信远胜一切”，而且，布罗代尔认为“就其民族特性来讲，法国也确实不宜于海上发展”。[①] 法国国王菲利普二世则声称是“法国人不懂得向外发展”。不管怎样，在大陆性与海洋性的对抗中，法国一直是大陆性压倒海洋性，历届政府都偏重于典型的大陆主义，而缺乏长远的海洋意识和海洋战略。正因为如此，法国人在海洋上少有建树。以致有人感慨“法国的海权”只出现在“绘画作品”中。[②] 而广阔的领土、众多的人口、丰富的资源，也使法国在欧洲大陆一直居于大国之列。因此，在处理对外关系时，常自觉或不自觉地以西欧大陆的代表自居，称霸欧洲

① ［法］费尔南·布罗代尔：《法兰西的特性·空间和历史》，商务印书馆1994年版，第64页。

② 陈文海：《法国史》，人民出版社2004年版，第4页。

大陆一直是法国的首要战略目标。另一方面，作为一个海洋国家，法国又难以摆脱强大海权的吸引和诱惑。因此，在发展强大陆上力量以满足在欧陆争霸需要的同时，法国试图建立一支强大的海军力量进行海外征服和发展海外贸易，并与荷兰、西班牙、葡萄牙、英国发达的航海业相竞争。

近代海外殖民扩张开始后，法国统治集团内部也出现了海洋派（也称帝国派）与大陆派之争。前者把争夺海上霸权、开拓和维护殖民地放在首要地位，通过这些使法国成为全球性大国。后一派则主张集中主要力量于本土和欧洲，以殖民地为依托，称雄欧洲大陆，力求避免在殖民地的冒险。可以说，法国近现代的历史就是一部徘徊于陆上大国和海上大国的历史。或者如德国地缘政治学鼻祖卡尔·豪斯浩弗所言："法国的历史表现了从大陆到海洋以及从海洋到大陆的深刻变化趋势。"[①] 自 16 世纪开始，法国一直在战略上难以集中，处在与欧洲海陆两大势力的不断较量中，在陆上介入欧陆的权势纷争，在海上致力于发展贸易和殖民利益，不能摆脱任何一个方向的吸引和牵制。不过，在 17 世纪中期以前，法国地缘政治环境的最大问题是在陆上受到哈布斯堡王朝的三面包围，故而将战略重心放在了欧洲大陆，海外发展只是偶然的和零星的。

路易十四亲政后，法国陆上的威胁已经解除，其他国家都处于相对弱势，于是法国凭借有力的地缘政治环境开

① 周保巍、成键：《欧盟大国外交政策的起源与发展》，华东师范大学出版社 2009 年版，第 75 页。

始采取海陆并进战略。但采取陆海方向兼顾路线的难题是资源使用的分散化。法国作为欧洲大陆的强国，海军难以得到战略发展所需的足够物资、人才和兵源。在均势发展过程中，海军经费竞争不过陆军，其建设和处境不利。不仅如此，法国作为海洋国家的特殊性还在于：它濒临的大西洋和地中海两片水域又被西班牙所分割。因此还必须将其海军力量分为大西洋舰队和地中海舰队，分别驻扎在西岸的布勒斯特和东岸的土伦。这样一来，本就捉襟见肘的海军就更容易被各个击破了。

18世纪后半期，法国不惜在国力资源有限的情况下，一方面在欧洲大陆争霸，另一方面又与英国、西班牙、荷兰等海上强国争夺殖民地。其中，七年战争就是法国与英国争夺殖民地和海上霸权斗争中规模最大的一次较量。战争中，英国依靠海权，同时使用海上封锁、财政资助和外围作战的手段，而不是凭借一支大规模的陆上远征军来战胜欧洲大陆上的敌人。这是典型的“英国式战争方式”。一方面英国为盟国提供财政补贴和军事供应，另一方面英国针对敌人的脆弱部分进行海上军事远征。而法国陆海并进战略的弊端则充分暴露出来：不时手忙脚乱地在海陆两个方向同时应付。也就是说，法国同海上大国的每一场战争，都要把它的力量和注意力从大陆上分散开，这样就使其在大陆上进行的战争更难取得胜利。一方面要在弗兰德斯、德意志和意大利北部打仗，另一方面又要在英吉利海峡、西印度群岛、下加拿大和印度洋作战，法国难以在战略上集中于一点，结果常常是陷入被动的局面，顾此失彼。七年战争的结果，法国损失惨重，不仅丧失了在海外的殖民地和商业据点，在国际社会的地位也遭到严重削弱，丧失了欧洲霸主地位，其封建君主制也走到了尽头。

18 世纪末，法国大革命爆发。代表工商业资产阶级利益的吉伦特派为扩大法国的利益和市场，主张把革命推向欧洲。自 1791 年秋，法国革命不断呈现出对外输出的势头。1792 年 9 月，法军在瓦尔米大败普奥联军；11 月初，法军又在热马普战役中重创奥军，随后占领了比利时的部分地区；11 月底，法国军队直抵荷兰边境。从 1792 年底至 1793 年，法国一改对外兼并的谨慎态度，根据“资源合并”和“主权在民”原则，通过法国占领军当局组织的公民投票，先后把萨瓦、尼斯、莱茵河西岸和比利时的部分地区并入法国。法国革命军队的巨大成功改变着法国的对外政策，也促使伦敦方面的政策发生了变化。法国出兵比利时、威胁荷兰，触动了与英国安全、经济利益密切相关的敏感地区，这是英国政府绝对不能接受的。1793 年春，由英国组织，包括荷兰、俄国、普鲁士、奥地利、西班牙、德意志的一些诸侯国以及连同皮埃蒙特在内的撒丁王国和那不勒斯等共同组成了第一次反法联盟。但法国充分借助反法同盟的内部矛盾，首先利用俄普奥三国在瓜分波兰中的矛盾，成功分化了被孤立的普鲁士。然后对英国大陆的主要盟友奥地利实施打击，1797 年，在法军进逼维也纳的情况下，奥地利被迫议和，退出战争，反法联盟实际瓦解。

1799 年底拿破仑发动雾月政变上台之际，正值法国面临第二次反法联盟的进攻。这次联盟的组织者依旧是英国，其成员包括俄国、奥地利、西班牙、土耳其等。自

1799 年 3 月起，敌对双方就在德意志、荷兰、意大利、瑞士等地开始军事行动。法军连吃败仗，此前占领的领土丢失殆尽。拿破仑执政后先是以军事实力为后盾发动外交攻势，利用反法同盟内部的矛盾孤立英国，离间英俄，使普鲁士保持中立，然后把主攻目标锁定在奥地利。1800 年 5 月，拿破仑亲自率军翻越阿尔卑斯山进入意大利北部，出其不意地打败了奥军，奥地利被迫求和，退出了反法联盟。1801 年 2 月签订的《吕内维尔和约》，奥地利承认了法国此前在瑞士、荷兰和意大利中北部以法国模式建立的一批共和国。此后，法国又相继与俄国、土耳其签订和约。1802 年 3 月，孤立无援的英国也被迫与法国签订《亚眠和约》，承认了法国对荷兰、德意志、意大利等地的控制。第二次反法联盟瓦解，法国重新获得了大陆优势地位。

但拿破仑不满足于法国欧洲大陆强国的地位，还要争取成为海权大国，成为海陆兼备的大国，因而再次与强大的海权国家英国展开激烈角逐。1804 年底，英国组织了第三次反法同盟。作为反法联盟的主角，英国因自身陆军力量薄弱，主要是利用强大的财政援助，支持欧洲大陆上的盟国反对法国，俄奥两国在英国的外交努力和金钱作用下成为反法联盟的主力。1805 年，战争在海上和陆地全面展开。法国陆军在与俄奥联军的奥斯特里茨会战中取得辉煌胜利，第三次反法联盟瓦解。德意志西部和南部 16 个小邦被迫与法国签订条约，建立了莱茵邦联，拿破仑亲任保护人。存在 900 年之久的神圣罗马帝国寿终正寝。法兰西帝国的统治范围继续扩大。但与此同时，因资源和力量的分散，法国海军在特拉法加海战中被英国皇家海军击败，几乎全军覆没。

此后，法国基本上停止了成为海上军事强国的努力。但在欧洲大陆，拿破仑又先后两次粉碎英国组织的反法联盟。这主要是有赖于反法同盟各国间的矛盾。18 世纪期间使列强彼此冲突的问题并没有全部解决："普奥同盟终于因波兰问题而垮台；俄国在东方和地中海的野心使英国忐忑不安；西班牙一直对英国心怀忧惧。各同盟国从来没有有效地使彼此的作战努力协调起来；他们各自得到的利益是悬殊的，这只能有助于加深他们的分裂。"① 而面对反法同盟各国的分裂，法国在欧洲大陆上的地位却正是强有力的，拥有比当时欧洲任何一个强国都要多的战争资源。

1810 年前后，法兰西帝国达到极盛。以维斯瓦河为界，拿破仑控制了大部分欧洲：拥有 130 个省份和 4300 万人口。法国的疆界一直东扩到汉堡至罗马一线。其外围还有大量附庸国，其中一些直接从属于拿破仑：有包括了除普鲁士之外的所有日耳曼国家的莱茵邦联，有瑞士联邦，还有意大利王国；其他附庸国则被交付于拿破仑家族的成员管理：有那不勒斯王国、西班牙王国（葡萄牙当时也归西班牙）；华沙大公的领地和伊利里亚各省也都是附庸领土。此外，战败的普鲁士、奥地利和俄国也被迫成为法国的盟国。至此，俄国成为妨碍拿破仑及法国主宰欧洲的唯一障碍。1812 年拿破仑亲率 40 万大军远征俄国，结

① ［法］乔治·勒费弗尔：《拿破仑时代（上）》，商务印书馆 1997 年版，第 29 页。

果失败，实力遭受重创。1813 年春，俄国、英国、普鲁士、奥地利等又结成第六次反法同盟进攻法国。“一个在四分之一的世纪内连年战争而力量消耗殆尽的国家，已不可能单独抵抗整个武装起来的世界对它的进攻。”[①] 10 月，在莱比锡会战中法军大败，法兰西帝国随之土崩瓦解。

国内学者叶自成先生就地缘政治的因素分析了拿破仑失败的原因，认为拿破仑应该采取固守其大陆优势而回避其海洋劣势的战略，凭借法国在西欧大陆的绝对优势，以法国的陆权优势对付英国的陆权劣势，避免在海洋空间与英国决战。像鲸鱼和大象那样，双方都是所在领域的最庞大的动物，但是英国控制海上航线无法摧毁法国在欧洲的霸权，而拿破仑拥有的军事优势也无法使这个岛国的居民投降。法国不应该分散资源去发展海权。在海权弱小的情况下，与强大的海权国家英国进行海上的战争。结果海上的失败也大大削弱了在西欧大陆已取得的陆权优势。法国也不应该过度扩张陆权，主动进攻东欧的陆权大国俄国。俄国是一个拥有巨大的大陆空间和战略回旋余地的陆权大国，法国进攻这样一个大陆国家并没有太大的优势。因此，从陆权角度来看：“拿破仑在西欧大陆空间的扩张是成功的，是发挥其陆权强国的优势，但是在海上与英国的决战，犯了海权弱国与海权强国对决的错误，而对俄罗斯这样一个陆权强国的进犯又犯了陆权过度扩张的错误。”[②]

从欧洲国际关系的实践来看，拿破仑不过是重蹈了

① 《马克思恩格斯全集（第 14 卷）》，人民出版社 1964 年版，第 72 页。
② 叶自成：《陆权发展与大国兴衰》，新星出版社 2007 年版，第 71 页。

路易十四的覆辙。他想征服欧洲大陆，但遭到了英国及其所支持的欧洲大陆其他国家的联合反对；他想征服海权大国英国，却在特拉法加海战中遭到毁灭性打击；他还建立起大陆封锁体系，试图在经济和贸易上使英国“窒息”。但因为英国完全控制了海洋，结果这个封锁体系不仅无助于对付英国，反而在欧洲大陆激起反抗，到头来损害了法国本身的利益。而英国为了维持欧洲均势并打击法国的霸权努力，只不过是在更大规模和力度上再次实施了反对路易十四时的大战略。英国首相小庇特继承了威廉三世时期所形成的传统政策：决不允许法国在欧洲占据优势，决不允许法国进入低地国家。因为一旦任何在大陆拥有优势的国家控制了英吉利海峡对岸，将对英国的安全和海洋霸权构成威胁。因此，1793—1815 年，海洋大国英国与欧洲大陆国家共组成七次反法大同盟，最终挫败了拿破仑的霸权努力，在欧洲恢复了英国、法国、俄国、奥地利、普鲁士之间的大致平衡。总之，法国从其版图、人口和财富来看，一直是欧洲大国，但受到陆地上的限制和海上的牵制，始终无法战胜所有其他国家为对付法国的野心时必然结成的联盟。这是法国难以突破的局限。

在反对拿破仑霸权的斗争中，英国的海上权势发挥了至关重要的作用。英国皇家海军摧毁了法国的舰队，确保了战争主要在欧洲大陆进行，英国还通过破坏法国的海外供给线，利用它的海外商业优势对法国展开了大规模的贸易战。最后，它在海外殖民地打击法国，使法国在海外苦心经营了几百年的成就毁于一旦，这些都取决于英国的海洋霸权。这表明，只要有一个强大的海洋国家存在，欧洲大陆的霸权努力，包括未来的大陆霸权努力，都不可避免地会经历路易十四和拿破仑那样的失败命运。

第三章　西班牙

一、不断涌入的早期移民

西班牙位于西南欧伊比利亚半岛，伊比利亚半岛大致呈四边形，是欧洲最大的半岛。它将大西洋与地中海、欧洲与非洲分离开来，三面环水，西靠大西洋，东临地中海，南隔直布罗陀海峡与非洲大陆遥遥相望，只有北部与欧洲大陆相接。一直到15世纪，大西洋沿海地区很少受到外来文化影响。但半岛南部的直布罗陀海峡最窄处只有14公里，可以很轻易地渡过，实际上是沟通欧洲和非洲的桥梁。东部辽阔的地中海对伊比利亚半岛而言，既不是天然的边界，也不是扩张的途径，只能是单方向入侵的通道。而且半岛的东部海岸适合航运，围绕高原的东部地中海沿岸狭长地带，地势低矮，所以不断地吸引着一批批海上和陆上的移民涌入，成为各种文化交汇之地。

最早到来的是北非的伊比利亚人，大约在公元前2500年，伊比利亚人的一支进入伊比利亚半岛，他们最初在莱万特地区和南部地区定居，后来逐渐分布到整个半岛繁衍生息，从而成为西班牙历史上最古老的民族。伊比利亚人文明程度比较高，拥有自己的字母和语言，但是至今无法解读这种语言。伊比利亚人的基本社会组织形式是部落，其社会组织结构与当时地中海沿岸其他地区特别是希腊十分相似。[①] 从公元前 6 世纪起，半岛的东部和南部居民已经普遍使用铁器、文字，从事农业、渔业和采矿业，形成了伊比利亚文化。[②] 伊比利亚文化是西班牙文明的基础。

大约在公元前 11 世纪，欧洲大陆的凯尔特人开始向伊比利亚半岛渗透。半岛唯一与欧洲部分连接的是向东北方向绵延的比利牛斯山脉，全长 430 公里，它更多是作为一道屏障将伊比利亚半岛与欧洲大陆主体分隔开来，但沿海几处地点可以成为通道。中欧地区的凯尔特人从北方进入伊比利亚半岛，主要集中在半岛的中部和西部。凯尔特人的迁徙持续了几个世纪，到公元前 8 世纪或前 7 世纪才基本结束。凯尔特人较早地掌握了冶炼铁和铜的技术，在迁徙的同时，凯尔特人也将先进的农业和铁器制造技术传播到了伊比利亚半岛，这些对于半岛以后的经济和社会发展具有积极的推动作用。凯尔特人逐渐与梅塞塔高原东部的伊比利亚人联系、通婚和融合，结果产生了凯尔特—伊比利亚人。公元前 6 世纪至公元前 5 世纪，凯尔特—伊比利亚人形成了自己的文化——凯尔特—伊比利亚文化，拥有了自己的文字，这是伊比利亚半岛最早的文明。

自公元前 12 世纪，地中海沿岸的民族也先后来到伊比

① 许昌财：《西班牙通史》，世界知识出版社 2009 年版，第 21 页。
② 沈安等：《西班牙》，重庆出版社 2007 年版，第 2 页。

利亚半岛，他们主要是在南部和东部，建立了自己的殖民地。因为半岛中部是梅塞塔高原，约占半岛总面积的1/3—1/2，平均海拔在600米，成为外部力量渗透的障碍。较早到来的是地中海东部的希腊人。公元前8世纪，希腊开始大规模的殖民运动，他们航行到伊比利亚半岛沿海，在东部海岸地区建立殖民城市。最初，希腊人在伊比利亚半岛的殖民活动以农业为主，后来逐渐扩大到商贸领域，促进了半岛商贸活动的迅速发展。为了进一步扩大贸易，希腊人建立更多的殖民地，但其商贸活动的范围仅限于半岛的东部沿海，并没有向内地发展，也没有军事、政治企图。希腊对于伊比利亚半岛影响广泛，尤其是希腊的文化传统对半岛东部地区诸多民族保持了巨大的影响，这种影响一直持续到罗马时代。

东地中海沿岸的腓尼基人是第一批从东方到达地中海西岸的民族。腓尼基人手工业、造船业发达，很早就开始从事海外贸易活动。他们于公元前9世纪或公元前8世纪末就已经在北非建立了迦太基王国。建于公元前8世纪的加的斯，是腓尼基人在伊比利亚半岛建立的最早的定居点。之后，加的斯迅速发展繁荣起来，人口不断增加，逐渐成为一个颇具规模和影响力的重要城市和商业中心。此外，腓尼基人还在沿海地带建立了一系列殖民地，随后都逐渐发展成为重要的贸易和生产中心。当时，腓尼基人在半岛整个沿海地带建立起许多从事鱼类加工和保存的工场，同时，他们在内地建立了一些较分散的农业中心。腓尼基人来到伊比利亚半岛是为了获得半岛南部丰富的农业和矿产资源，而建立这些城市的主要目的是开采矿产资源和进行贸易，交换橄榄油、葡萄酒和水果等，征服和占领土地并不是他们的目的。腓尼基人在进行商贸活动的同时，也将冶金术引进到半岛的东南部。总之，腓尼基人以贸易见长，善于经商，其贸易活动对促进伊比利亚半岛当地经济的发展起了积极作用。迦太基人在伊比利亚半岛的兴起是以腓尼基人的衰落为前提的。公元前5世纪中期，随着腓尼基人的势力在地中海西部逐渐衰弱，迦太基人在半岛南部的影响得以逐渐加强。迦太基人对伊比利亚并没有领土野心，他们的兴趣在于贸易以及开发半岛南部的农业和矿产资源。从公元前3世纪早期开始，地中海上希腊人的势力开始没落，罗马此时正忙于征服意大利半岛的战争，无暇他顾，这样迦太基周遭没有与之相匹敌的国家，良好的国际环境造就了迦太基的强大，使得迦太基几乎独霸了地中海。迦太基人还在伊比利亚半岛创建了新的殖民地（如新迦太基，建立于公元前228年）。

总之，到公元前3世纪罗马征服前，伊比利亚半岛的诸民族情况是复杂多样的，受到了来自于半岛北部、东部和南部的凯尔特文化、希腊文化以及腓尼基（迦太基）等多种文化的影响。伊比利亚半岛形成了南北两部分不同的文化。南部和东部深受腓尼基和希腊等东方文化影响，文明水平较高，具有悠久的历史和发达的农业和商业，玉米、亚麻、葡萄和茅草获得广泛种植，当地居民主要从事农业、商业、航海业和采矿业，当地人多数会使用文字。而半岛北部和西部的凯尔特—伊比利亚人主要从事畜牧业，很少从事农业，文明水平较低，基本还处于“野蛮”状态。当地人主要依靠牛群、羊群为生，此外，他们还依靠狩猎或掠夺四邻来维持生活。

二、罗马的征服与统治

伊比利亚半岛扼守着由地中海进入大西洋的通道，战略位置极为重要，是古代世界强国争霸地中海不可忽视的对象。罗马帝国崛起后，同样重视对半岛的争夺。西班牙是罗马在西部地中海广阔地区扩张所获得的第一个行省，也是罗马第一个入侵的大陆行省。它确保着帝国心脏地带到不列颠、高卢西部和莱茵河的海上贸易路线的安全。

罗马征服西班牙，是罗马与北非迦太基之间争夺西地中海控制权这一冲突的结果。公元前 264—前 241 年，罗马与迦太基之间发生了第一次战争，战败的迦太基被迫放弃西西里岛、科西嘉岛和撒丁岛等一切海外领地。公元前 226 年，罗马与迦太基签订《埃布罗条约》，将迦太基在伊比利亚半岛的势力范围限制在埃布罗河以南。尽管如此，罗马人认为要夺取西部地中海的霸权，必须铲除迦太基在伊比利亚半岛上的势力，否则它迟早会成为罗马的心腹大患。为此，罗马与迦太基之间再次爆发战争不可避免。公元前 218 年，罗马名将西庇阿率领军队在恩波里亚登陆，开始了征服西班牙的进程。公元前 209 年，罗马人攻占了迦太基在西班牙的重要基地——新迦太基，迦太基人在伊比利亚半岛上的统治开始崩溃。公元前 206 年，罗马人又占领了加的斯，迦太基人被完全赶出了半岛，这标志着迦太基在伊比利亚半岛统治的结束。到公元前 200 年，罗马基本征服和控制了西班牙东部海岸。

公元前197年，罗马建立远西班牙行省和近西班牙行省，[①] 开始实行行省统治。行省制度的建立标志着罗马在伊比利亚半岛政治统治的正式开始，不过最初行省管理地区仅局限于半岛的东部和南部，半岛其他地区几乎还是独立的。在半岛中部、北部和西部文明程度相对较低的地区，当地的西班牙人进行了顽强、持久的抵抗。半岛中部对于联系交往构成障碍的梅塞塔高原以及极端的区域性气候，都使得罗马人的军事行动变得异常艰难，这里缺乏食物和淡水，后勤补给不易；崎岖的地形却便于当地人开展游击战。罗马人的征服过程持续了200年之久，至公元前38年才最终征服了西班牙，结束了伊比利亚半岛上诸多民族、部落长期分裂纷争、各自为政、分崩离析的状态，四分五裂的西班牙统一到罗马帝国的版图之下。

共和末期，西班牙行省除了半岛南部地区文明程度较高外，其他地区还处于比较落后的状态，而此时的罗马文明已经取得了比较辉煌的成就，因此，两者之间的文化落差就为罗马文明向西班牙行省的扩展创造了有利条件。不过，公元前1世纪中期之前，很少有罗马人或意大利人长久居住在伊比利亚半岛。在塔拉科、新迦太基和加的斯这些城镇中，为数不多的罗马人或意大利人多为官员、商人、船主、税务人员、矿山承包商和放贷者。自公元前1世纪中期开始，定居在伊比利亚半岛的意大利人快速增加，其中很多是退伍老兵。帝国早期，罗马在西班牙行省

① 离罗马城较近的行省称为近西班牙行省，首府在新迦太基；离罗马城较远的行省称为远西班牙行省，首府在科尔杜巴。

通过建立殖民地，来安置退伍老兵。这些退伍老兵不但为西班牙省带来了大量的劳动力，而且还带来了罗马本土很多先进的生产经验和生产管理技术。这些居住在殖民地的罗马人，并没有单独的社区，他们通常与西班牙原住民混居，他们之间大杂居、小聚居，这有利于罗马人与当地原住民之间的交流和融合。大多数退伍老兵逐渐进入西班牙行省的上流社会，成为行省的中、上层，这些老兵融入当地社会的同时，也将罗马的生活方式引进西班牙行省，推动了当地中、上层的罗马化，同时也对行省的下层人士起到了示范作用。此外，公元前1世纪初，罗马统治者根据政治形势的变化，开始将“罗马公民权”授予西班牙行省居民。伴随着罗马公民权在西班牙行省的扩展，行省居民在政治、经济和文化等方面日益接近罗马人。

罗马文明深刻地影响了伊比利亚半岛的政治、经济、宗教、军事、文化和社会生活等诸多领域。这是伊比利亚半岛地区历史上第一次与高级文明发生范围广阔、程度深刻、时间漫长的全方面联系，也是此地区的人们以前从未接触到的。如果说罗马通过军事手段征服了西班牙，代价是西班牙失去独立，成为了罗马帝国的西班牙行省，那么罗马化的过程就是逐渐使西班牙在政治上统一起来，使各个部落臣服于罗马帝国的权力之下。[①] 随着罗马文明开始融合凯尔特—伊比利亚文明的进程，伊比利亚半岛进入一个新文明时代——罗马—西班牙文明时代。

在农业领域，罗马化的最终表现形式就是庄园。在罗

---

① 许昌财：《西班牙通史》，世界知识出版社2009年版，第63页。

马征服过程中，西班牙就出现了庄园。到1世纪末，庄园体制已经扩展到西班牙的西部、中部和西北部，并在整个帝国早期继续发展繁荣。庄园里的农业种植作物也发生了很大的变化。除了橄榄外，还包括葡萄、大麦、针茅草和玫瑰。同时，罗马先进的农业技术很快在西班牙各地传播和应用，例如，土地轮作和肥料技术在各地区得到了广泛推广。此外，罗马还将一些新的农业机械——榨油机、耕犁等引进西班牙。当地农民很快学会了改进和使用罗马农业生产工具，西班牙生产力水平显著提高，粮食产量增加，随之也促进了酒窖、粮仓的进一步普及。此外，分散的小作坊被集中在罗马奴隶主手中，开始了有组织的生产。同时，经营方式也转向私人经营。总之，随着农业经济结构的调整和农业生产技术的进步，帝国早期西班牙行省的农业和畜牧业有了一定发展，进入到一个新的发展阶段，尤其是西班牙行省谷物种植面积不断扩大、产量提高，成为罗马主要的谷物供应基地。

伊比利亚半岛一向以丰富的黄金、白银、铅、锡、铁、铜等矿产资源而闻名。在罗马人到来之前，西班牙就有着悠久的矿产资源开采的传统。西班牙当地人曾向腓尼基人学习开采技术，同时，他们还与腓尼基人进行白银贸易。在前罗马时代，伊比利亚半岛当地的矿产开发技术已经有了一定发展。但由于生产力水平低下，当时西班牙的矿产开采业大多处于较为原始的水平。自从罗马西班牙行省建立后，罗马就加大了对伊比利亚半岛矿产资源的开发力度，帝国早期，西班牙西北部几条河流所形成的冲积平原地区曾经被广泛地开采。当时的黄金开采技术已经达到了一定水平，“冲刷找矿法”和“流槽选矿法”采金技术已经开始应用。白银在西班牙诸多金属资源中占有重要地位。银矿主要位于半岛的北部，特别是在比利牛斯山地区和新迦太基附近。帝国时期，铜是西班牙的重要金属之一，而且大量出口到意大利。西班牙的铜矿质量很高，某些铜矿所开采的矿石中的含铜量甚至高达25%，这种铜非常适合制造明黄色的钱币——塞斯特斯。铁矿主要集中在北部和中北部地区，贮藏量丰富。铁器的主要制造地区在托莱多和比尔比利斯，这些工场锻造的刀剑质量上乘，能够经受住严格的测试，是罗马人梦寐以求的武器，因此几乎出口到帝国的所有地区。总之，由于蕴藏着丰富的资源，在公元前1世纪至公元1世纪，西班牙是罗马帝国最重要的矿产供应地。

随着农业、采矿业的发展，西班牙行省手工业发展也达到了较高的水平。手工业是西班牙行省经济的主要组成部分，同时也是西班牙行省经济领域罗马化的重要表现之一。西班牙行省的主要手工业产品有葡萄酒、橄榄油和鱼酱，此外还有猪肉制品、鞋类、缆绳、亚麻制品、毛纺品和兵器等。在被罗马征服前，西班牙海上交通和内河运输业已经相当发达。在伊比利亚半岛，最为经济、便捷的运输方式是河运，瓜达尔基维尔河就是最好的例子。谷物、橄榄油和矿物等商品都可以首先在科尔杜巴装船通过瓜达尔基维尔河顺流而下，然后转换到远洋货船上，再销往海外。罗马统治时期，西班牙行省随着商业发展而兴建和扩建了不少港口，其中加的斯成为通往地中海各国的主要商埠，塞维利亚是重要的内河港口。不过，伊比利亚半岛地形复杂多样，多山脉丘陵，并不是每一个地区都适合河运，因此河运贸易效用有很多局限性。尽管陆路运输有速度缓慢、价格昂贵等缺点，但是陆路运输在现实中仍是半岛上主要的运输方式。从共和时期到帝国早期，西班牙行省修建了许多道路，这些道路将城镇连接起来，基本形成了横贯南北、连接东西的道路网。发达的道路网既为商品货物运输、人员往来提供了便利条件，也为西班牙行省商业发展与繁荣奠定了坚实基础。由于商贸繁荣、商品种类繁多以及数量丰富，西班牙行省成为重要的贸易地区，特别是贵重的矿物、廉价的葡萄酒、优质的橄榄油利用庞大的贸易网络销售到帝国各个行省，逐渐占据了帝国西部乃至整个帝国的市场，在帝国经济中处于重要地位。

在罗马入侵前，伊比利亚半岛部落众多、语言复杂，但是却没有一种统一通用的语言。伊比利亚各个部族使用的是他们的土著语言——伊比利亚语，这种语言结构简单，词汇比较贫乏。其后，凯尔特人、希腊人、腓尼基人和迦太基人纷至沓来，这些民族又引进了各自的语言因素。伴随着征服进程，罗马人将拉丁语也传播到伊比利亚半岛，并且逐渐扩展到半岛的各个地区。拉丁语是西班牙行省的管理语言、司法体系语言和地中海地区商业贸易语言。因此，如果不懂拉丁语，是很难理解罗马法律和规则以及做生意、打官司、和罗马官员交流等活动。此外，拉丁语能力越高，意味着在当地的声望越高。因此，尽管当地的语言传统很强大，但是拉丁语凭借对比凯尔特等语言明显的实际优势而最终胜出。但即使到帝国早期，在伊比利亚半岛西部和西北部偏僻的村庄和山区，居民仍然使用其土著语。直到罗马帝国末期，经历了数百年漫长的过程，当地的土著语言才最终被拉丁语所代替，多重方言并存的分割局面宣告结束，半岛上第一次拥有了统一的语言。

随着罗马文明在西班牙的传播与发展，基督教也传到西班牙。但帝国早期基督教在西班牙行省的传入、发展十分有限，且具有地区传播的不平衡性：行省东部地区的传播强于罗马化程度较低的西部地区，特别是在巴斯克等几乎没有受到罗马文明影响的西北地区，当地人还是信奉传统宗教，而没有接受基督教。而且早期基督教在西班牙的发展也不充分，一方面是因为在1—3世纪，基督教还是一种不合法宗教，对基督教的宣传是一件非常危险的事；另一方面是基督教传播方式具有随意性。与后来依靠主教和神职人员进行专门传教相比，早期基督教更多的是依靠朋友、邻居和同伴之间的相互传播。鉴于早期基督教的不合法性，这种新宗教对皈依者进行布道主要在秘密场所进行。直到2世纪晚期，基督教在西班牙才达到了有组织、有规模的程度。3世纪初期，基督教不但在西班牙沿海地区进行广泛传播，而且在内地城市也有发展。3世纪末期，西班牙的教会已有良好的组织，基督教社团在西班牙行省蓬勃发展，西班牙拥有了数不清的基督教徒。西班牙自身的文化特征与西班牙人所具有的热忱使得他们乐意去接受基督教的信仰。到4世纪，随着基督教合法化，几乎整个西班牙行省的居民都成为基督徒。总之，基督教的传入和发展对西班牙行省产生了深远影响。基督教对西班牙民族性格的形成起到了重要作用，对西班牙国家精神的塑造作用也不容忽视。

在长达700年的时间里，罗马统治者对西班牙行省在政治、经济、文化、社会生活和宗教等方面进行了充分的改造和管理。罗马人建立了许多新的城镇如塞维利亚、科尔多瓦、萨拉曼卡、托莱多、萨拉戈萨等，修建了大量的道路、下水道、公共浴室、市政大厅、斗兽场、圆形剧场、桥梁、引水渠等。罗马移民带来了他们的语言、法律和习俗，整个西班牙被罗马化了，而且成为帝国西部罗马化程度最高的行省。正如罗斯托夫采夫所言，“西班牙通常被视为罗马文明的堡垒，视为西方各省中罗马化最彻底的一省”。①

但是，西班牙行省的罗马化绝非简单均衡地发生在伊比利亚半岛全境，而是深受当地自然地理环境和历史文化环境的双重影响。半岛上广阔的地理空间、地形学上的多样性和居民的桀骜不驯都对政治和文化的统一形成了障碍，在半岛各地表现出或强或弱的罗马化水平。具体来说，帝国早期西班牙行省的罗马化水平，从伊比利亚半岛的东部、南部沿海狭长地带向半岛的西部、北部逐渐递减。半岛的东部沿海和南部地区是先被罗马化的，罗马化水平最高；接下来的是与半岛东部和南部沿海地区接壤的那些地区，包括埃布罗河谷地、塔霍河以南的梅塞塔和葡萄牙南部地区等，罗马化水平次之；最后是处于半岛更远的西部和西北部地区，仅仅部分实现了罗马化，罗马化水平更低。而在那些山脉隔离的、远离海洋的或较低文化水

① ［美］罗斯托夫采夫：《罗马帝国社会经济史（上册）》，商务印书馆2005年版，第298页。

平的地区中，罗马化的过程如同是一场艰苦的战争。西班牙北部帝国边缘地区的大部分居民，一直到罗马时代还在坚持以前的生活方式，坎塔布里亚和巴斯克地区从未被罗马化。换言之，就罗马化程度而言，除了半岛南部、东部沿海的狭窄地带外，伊比利亚半岛的大部分地区罗马化水平并不高，仅仅掩饰了当地的亚文化，甚至在某些地区根本感受不到罗马化的影响和表现，这些地区采用积极或消极的方式来抵制罗马化。总体来说，就地区罗马化的水平而言，伊比利亚半岛南方高于北方，沿海高于内地，城市高于乡村。就各个领域的罗马化程度而言，政治、经济和社会方面的罗马化程度较高，宗教、语言和艺术方面的罗马化程度低。罗马习俗渗入半岛的程度是千差万别的，罗马统治下的西班牙决不是一个单一的文化实体。

罗马帝国经过200余年的和平发展时期，到3世纪初，由于内部各种矛盾的激化以及蛮族的入侵，帝国陷入了长久的危机之中，开始走向衰亡。5世纪初，阿兰人、苏维汇人和汪达尔人等几支日耳曼人利用帝国混乱的时机，如决堤的洪水一般穿越比利牛斯山脉侵入伊比利亚半岛，从而结束了罗马人对半岛大部分地区的统治。尽管罗马还宣称拥有整个伊比利亚半岛的主权，但罗马在半岛的政治统治范围实际上已经退回到公元前3世纪的规模，并且还在进一步地缩小。苏维汇人向西进入加利西亚；汪达尔人则深入富庶的南方；阿兰人的一部分定居在东海岸，另一部分则到了半岛的西南部。5世纪末期，又一支日耳曼人——西哥特人也进入比利牛斯山以南，占领了巴塞罗那。470年，随着罗马帝国在伊比利亚半岛的最后据点塔拉科被西哥特人攻占，罗马帝国在半岛的统治宣告结束，这也意味着罗马—西班牙时期的结束。随后西哥特人又战胜了阿兰人、汪达尔人和苏维汇人，成为半岛的新主人，定都于梅塞塔高原中部的托莱多。

西哥特人从罗马—西班牙人那里接受了君主政体的政治机构，保留了原有的行政组织和宗教机构，逐渐放弃了许多野蛮习俗。同时西哥特人也采用了拉丁文字，基本沿袭了罗马人的文化习俗。最重要的一点是，在长期的宗教竞争中，西哥特人最终接受了罗马—西班牙人的基督教信仰。而当地罗马—西班牙人的生活没有发生太大的改变。在西哥特人统治下，罗马—西班牙人与西哥特人通婚，这再次给西班牙人注入了新鲜血液。虽然西哥特人对伊比利亚半岛的统治不过短短 300 年，但后来的西班牙人已然是以西哥特后裔的身份，以恢复西哥特民族权利的名义，在伊比利亚半岛坚持与穆斯林斗争了若干个世纪，而且最终赢得了胜利。

三、征服与再征服运动

伊比利亚半岛在地理上属于欧洲，与北非隔海相望，但其南部的直布罗陀海峡最窄处仅 14 公里，实际上成为沟通欧洲和非洲的桥梁，或者说是非洲进入欧洲的跳板。也因此，身居欧洲的西班牙在其历史发展过程中不可避免地受到来自非洲大陆的影响。

8 世纪初，西哥特王朝正值混乱之际，王室成员争权夺利，国家处于动荡之中。西哥特人的一位王位竞争者于是转向对岸的非洲大陆，寻求阿拉伯人的武力援助。西亚的阿拉伯人早在7世纪上半期就开始了对外扩张，8世纪初，其征服的地区逐渐朝西推向大西洋海岸。随着非洲大陆西北角的休达和丹吉尔两座城市最终被征服，阿拉伯人的西进运动基本结束，整个北非地区并入了阿拉伯帝国的版图。在阿拉伯人扩张的过程中，北非的柏柏尔人由于其部落社会形态与阿拉伯人接近，因而集体改奉伊斯兰教。在进军伊比利亚半岛之前，柏柏尔人的伊斯兰化已达半个世纪。

711年，阿拉伯帝国北非地区总督穆萨·努赛尔派出一支3万人左右的柏柏尔人军队，横渡直布罗陀海峡，在伊比利亚半岛南部登陆。西哥特军队虽然占据人数上的优势，却很快被击溃了。穆斯林士兵在西班牙长驱直入，势如破竹，横扫西班牙。在一年的时间里，就占领了大半个西班牙，各大城市乃至西哥特首都托莱多都相继陷落。712年6月，总督穆萨亲自率领一支纯粹由阿拉伯人组成的军队踏上了西班牙的土地，并继续攻克了塞维利亚、梅里达等重镇。到713年，除了那些难以接近的坎塔布连高山地区和比利牛斯山谷地，阿拉伯人已基本完成对伊比利亚半岛的征服，统治了半岛的大部分地区。西班牙也因此变成了哈里发帝国的一个省区。

阿拉伯人将其所统治的伊比利亚半岛地区称为“安达卢西亚”。自从阿拉伯人开始了在西班牙的统治，西班牙就一直处于动荡之中。阿拉伯人对西班牙的征服与以往历次在亚非广大地区的扩张都有所不同，地处欧洲南部的西班牙对于阿拉伯半岛来说，远隔重洋，路途遥远。所以，在阿拉伯人统治西班牙期间，阿拉伯人并没有大规模移居伊比利亚半岛，来到半岛的主要是阿拉伯军队，其数量也很有限。也就是说，来自麦加、麦地那、南阿拉伯的先知兵卒的后裔很少。这就使得西班牙境内阿拉伯帝国占领区的守军非常薄弱，常常无法控制局面。

在征服西班牙的过程中，北非的柏柏尔人扮演了重要的角色。穆斯林军队中绝大多数实际上是柏柏尔人。可以说柏柏尔穆斯林在西班牙征服运动中的贡献超过了阿拉伯穆斯林。穆斯林军队胜利的消息传到马格里布，吸引了当地大量的柏柏尔人蜂拥而至，从此西班牙成为柏柏尔人向外迁移的目的地。与阿拉伯人的稀少相比，伊比利亚半岛内的柏柏尔人不断增加。8—9 世纪期间，阿拉伯人或柏柏尔人与当地西班牙人通婚带来的混合子女和基督教徒改信伊斯兰教现象，使新穆斯林的人数迅速壮大。新穆斯林数量的急剧增多，从根本上改变了半岛原有的民族结构。在征服西班牙的第一个世纪末期，这些新穆斯林已经成为居民中的多数，他们逐渐取代原有的阿拉伯人、柏柏尔人成为安达卢西亚社会的主体。但西班牙境内少量的阿拉伯人，对于自己阿拉伯半岛或是沙漠地区的阿拉伯血统非常骄傲，因此虽然同是穆斯林，新穆斯林却倍受歧视，被当作下等阶级看待。由于平等待遇的要求长期得不到满足，新穆斯林的不满情绪日益增加。不断为自己争取平等利益，却得不到应有的回应，当不满膨胀到一定程度时，暴动就发生了。

柏柏尔人与阿拉伯人也是矛盾重重。他们先踏上了西班牙的土地，帮助阿拉伯人征服了西班牙，但柏柏尔人并没有享受到作为统治者和征服者应有的待遇。因此，柏柏尔人有时会与阿拉伯人联合起来对抗这批新穆斯林，有时又会袖手旁观，有时还会反戈一击、趁火打劫，这样阿拉伯人在西班牙的境况就更加糟糕了。随着岁月流逝，真正的阿拉伯人越来越少，力量的悬殊使得西班牙长期处于动荡之中。

阿拉伯人入侵伊比利亚半岛以后，以西哥特残部为代表的部分基督教徒退到了半岛北部的坎塔布连山区及比利牛斯山区一带。阿拉伯统治者由于内耗的不断加剧、自身力量被逐渐削弱，而且忙于解决内乱问题，无暇顾及北方的基督教徒和西哥特人的残存势力，也无力再向北推进。北部和东部边陲残存的基督教势力在得到暂时的休整之后，开始复苏，并慢慢发展壮大，逐渐形成了若干个独立的封建小政权。781 年，基督徒在阿斯图里亚斯地区的科瓦东加山打响了反抗阿拉伯统治者的第一役，这标志着基督教西班牙人“再征服”运动的开始。此后，西班牙北部抵抗中心相继形成。比斯开、纳瓦拉和阿拉贡山脉之中都有基督教西班牙人活跃的身影。他们的势力日渐扩展，逐步据有了沿杜罗河一线的若干要塞。从这些基地发起冲击，又光复了卡斯蒂利亚地区。20 多年间，先后崛起了一系列基督教王国，包括阿斯图里亚斯、纳瓦拉、莱昂、加利西亚、巴塞罗那伯国、卡斯蒂利亚—莱昂、阿拉贡、卡斯蒂利亚和葡萄牙等。这些王国形成了一道不甚牢固的防线，作为基督教势力的象征与阿拉伯统治者相对峙，并不断向南推进。

11 世纪中期，西班牙的倭马亚王朝在内忧外患之中，走向了灭亡，哈里发制度被废除。取而代之的是一个个阿拉伯和柏柏尔人的小王国，每一个王国都有一个埃米尔。西班牙从此进入了“诸小国时代”。北方基督教徒的“再征服”运动则趁伊斯兰势力衰落之机向南推进。1085年，基督徒军队攻陷了西班牙的重要城市托莱多，占领了巴伦西亚，还包围了萨拉戈萨。卡斯蒂利亚王国将托莱多定为首都，并以此为据点，继续向南不断推进。基督教的势力日益壮大，卡斯蒂利亚王国逐渐成为反阿拉伯帝国斗争的中心。

阿拉伯各小国的埃米尔们，把全部军事力量都浪费在了相互之间的血腥争斗上，加之缺乏一个强有力的领导者，他们无力阻止西班牙人南下和东进的威胁，迫不得已求助于北非强大的柏柏尔人王朝。穆拉比特王朝①和穆瓦希德王朝②在帮助阿拉伯人镇压西班牙内乱、阻止基督教势力的反攻的同时，也一度攫取了阿拉伯人在安达卢西亚的统治权。而当柏柏尔人的王朝逐渐衰退时，穆斯林就再也无法阻挡基督教势力的进攻了。

西班牙人称收复故土的斗争为“列康吉斯达”③，意思是基督教国家对伊斯兰国家的“再征服”。这可以看作是对于阿拉伯帝国侵略西班牙在宗教上的回应。尤其西欧在

---

① 穆拉比特王朝（1061—1147年），柏柏尔人建立的伊斯兰王朝，曾统治北非和西班牙南部及东南部，都城在马拉喀什。穆拉比特，意为来自拉巴特的人。该王朝后被穆瓦希德王朝所取代。

② 穆瓦希德王朝（1121—1269年），柏柏尔人建立的伊斯兰王朝，曾统治北非和西班牙部分地区。伊斯兰教神学家伊本·图迈尔特提出要维护伊斯兰教的基本信条，坚持一神论观点：“除安拉外，别无神灵”。其门徒称穆瓦希德，意为“信仰独一神的人”。

③ 列康吉斯达，西班牙语的音译，意为“再征服”。

12 世纪后以“圣战”旗号发动对东方的十字军东征，更是大大刺激了西班牙的“列康吉斯达”运动。罗马教皇也担心东方的穆斯林与西班牙的穆斯林联合起来形成一股可怕的力量而无法阻挡，始终不遗余力地为伊比利亚半岛提供各种物质和精神援助，号召整个欧洲团结起来，把这帮异教徒赶出欧洲，光复伊比利亚半岛的基督教事业。12 世纪 90 年代，罗马教皇英诺森三世为了把穆瓦希德王朝势力赶出西班牙，授权卡斯蒂利亚国王阿方索八世组织“新十字军”，这支庞大的联军包括卡斯蒂利亚、阿拉贡、纳瓦拉和葡萄牙的国王以及三个法国主教的军队。1212 年，阿方索八世率领下的基督教联军在托洛萨战役中大败穆斯林军队，穆瓦希德王朝被推翻，残余力量退回到了摩洛哥境内。随后，基督徒又收复了科尔多瓦、塞维利亚、加的斯等城市。自此以后，西班牙的势力非常迅速地向南推进。整个西班牙逐渐被基督教各君主所瓜分，阿拉贡占据了半岛东部和地中海沿岸地区，卡斯蒂利亚占据了从比斯开湾至直布罗陀海峡，几乎覆盖了整个半岛的中间地带。塔古斯河以北地区成为葡萄牙王国的领土。

13 世纪中叶，收复失地运动总体上取得了决定性的胜利。13 世纪末期，穆斯林所控制的土地就只剩下了格拉纳达、马拉加、阿尔梅里亚等不多地区。从长远来看，阿拉伯人对于西班牙的征服，其实是孤军深入，一旦没有后方的支援，面对整个基督教世界的反扑，其失败是必然的。

1469 年，伊比利亚半岛上两个最大的基督教王国卡斯蒂利亚王国与阿拉贡王国联姻。1474 年，卡斯蒂利亚的伊莎贝拉继承了亨利四世的王位，称伊莎贝拉一世女王。

1479 年，阿拉贡王国的王储费迪南继承王位，称费迪南二世国王。同时，两位国王又互相成为共治国王。1492 年，穆斯林在半岛的最后据点格拉纳达被攻陷，其政权的最后代表——奈斯尔王朝结束。所有不愿皈依基督教的阿拉伯人后裔都被赶出了伊比利亚半岛，西班牙大体完成了半岛的统一。

纵观历史，伊比利亚半岛阿拉伯帝国的“征服”和基督教的“再征服”，历时近 800 余年。尽管阿拉伯人在西班牙被看成是外来的侵略者，并且受到当地基督教徒的抵制与反抗，但阿拉伯人在西班牙长达 8 个世纪的统治期间，通过移民、杂居、通婚、语言、宗教等方式而开展的伊斯兰化运动，使得西班牙的西哥特人及其他当地居民不同程度地接触到伊斯兰文明，并受到这一文明的影响和熏陶进而出现了血统、思想、习俗等方面的相互融合。几个民族长期的共同生活，使得西班牙人无论是在体质上，还是心理结构中都增添了来自于东方的因素。

15 世纪末，收复失地运动的结束并不意味着“列康吉斯达”的结束。相反，伊比利亚半岛的基督徒以收复失地运动的胜利为起点，继续实施新的“列康吉斯达”计划。宗教对欧洲而言，“无论哪里都没有像在伊比利亚半岛显得那么重要。……对欧洲其他民族来说，伊斯兰教是一个遥远的威胁，但在伊比利亚人眼里，则是一个传统的、永远存在的敌人”。[①] 长达 800 余年的“圣战”使得天主教成

① ［美］斯塔夫里阿诺斯：《全球通史——1500 年以后的世界》，上海社会科学院出版社 1999 年版，第 123 页。

为西班牙的政治意识形态。虔诚的天主教徒力求把宗教传播至亚洲，到新大陆。当地理大发现揭示出有更多的异教徒有待于“解救”出来时，西班牙的讨伐运动遂扩展到了大西洋的彼岸。从某种意义上来说，西班牙的海外扩张是收复失地运动的继续与延伸。

地理上的便利使得西班牙人与来自西亚北非的东方民族有更多的接触。一方面学到了天文学、地理学、数学知识和航海技术等。他们在很早就把阿拉伯人传入的指南针应用于航海，使航海事业得到巨大的发展。因为有了指南针，航海家及水手们敢于离开海岸，不必沿着海岸的弯曲航线，而是沿着新的较短的航线越过辽阔的海洋，在迷雾茫茫和天气恶劣的情况下，还可以根据指南针以辨明方向，继续航行。另一方面，在与突尼斯、阿尔及尔和摩洛哥的海盗进行的残酷斗争中，学习和精通了阿拉伯人、意大利人制造兵船和海战的技术。到 15 世纪时，葡西两国都制造出了适于远洋航行的新式大帆船。这种多层帆船不仅可以加强风力的作用，而且还可以调整来自不同方向的风力加以利用。新式船只的特点是船身巨大、吃水较深，并且船身结实坚固，经得起风浪的搏击，比起旧式船只具有更加坚固可靠、速度轻快和运输量大等优点，这非常有利于远渡大洋的航行。

东临地中海使西班牙有从事海上活动的传统，航海事业发达。阿拉贡一直是地中海沿岸的商业大国，从 13 世纪中期起，阿拉贡王国利用其漫长的地中海海岸线和许多优良港口，大力向海外扩张，其政治中心也移到沿海的巴塞罗那和巴伦西亚。14 世纪，阿拉贡王国海上力量在地中海地区进一步扩张，先后合并了地中海的巴利阿利群岛、西西里、萨丁尼亚和那不勒斯王国，进而成为最大的海上强国，几乎将西地中海揽于自己的怀抱之中。地处大西洋岸边，有漫长的大西洋海岸线和沿岸优良的港湾，西班牙船只西航，必须利用东北信风和大西洋北赤道暖流，加那利群岛是最理想的启航点，从戈梅拉出发顺风顺水，而返航可以利用西风带返回欧洲。相较之下，除同处半岛的葡萄牙之外的其他西欧国家，航海条件则要差得多。德国和意大利属内陆国家，意大利只习惯于内海航行，加之又远离大西洋，不占地利条件。西欧的比斯开湾和北海，风暴十分频繁，船只只能沿海岸航行，法国、英国的西海岸雾海茫茫、能见度低，日照时间短，西航逆水顶风，诸多不利。

此外，远航还得到意大利热那亚人的巨大支持和帮助。因为热那亚商人在和威尼斯商人争夺近东贸易垄断权失败后，城市衰落下来，大批航海人员失业亟待寻找新的出路。而伊比利亚半岛的地理位置正处于地中海与大西洋之间，许多热那亚人移居伊比利亚半岛，哥伦布就是其中之一。西班牙女王支持了哥伦布向西航行的计划。1492 年 8 月 2 日，经过漫长的航行之后，哥伦布登上了巴哈马群岛上的一个小岛，他将其命名为“圣萨尔瓦多”。哥伦布坚持认为这是离日本岛很近的位置，下一步就能找到日本。西班牙王室对哥伦布的错觉给予坚定的支持，鼓励探险家们进一步勘探，结果意外地发现了美洲这个新大陆。不过，在哥伦布发现美洲新大陆之后的近 20 年中，还只是对新大陆的探险时期。这一时期，殖民者据有的范围仅仅限于大、小安德列斯群岛。

四、哈布斯堡王朝的建立

伊比利亚半岛由于陆上连绵不绝的比利牛斯山脉阻隔，处于与欧洲分开的状态。但东部地中海的航行便利，又使它始终与欧洲大陆紧密地联系在一起。其中，政治联姻就是西班牙与大陆国家最重要的一种联系方式。1496 年，西班牙国王伊莎贝拉和费迪南将他们的次女胡安娜嫁给了哈布斯堡的菲利普，即神圣罗马帝国皇帝马克西米利安一世的儿子。菲利普早在 1482 年就从母亲手里继承了尼德兰。胡安娜虽然是次女，但在 1504 年伊莎贝尔一世女王去世后，成为卡斯蒂利亚王位继承人。她的父亲费迪南也不再是共治国王，而退居摄政。胡安娜的婚姻使西班牙王族与哈布斯堡王朝联合了起来。

胡安娜和菲利普的儿子查理，一出生就被确定为西班牙王国和哈布斯堡王朝的继承人。1516 年外祖父费迪南去世后，他同时继承了西班牙的卡斯蒂利亚和阿拉贡两个王位，成为西班牙的查理一世国王。1519 年祖父去世后，他又继承了德意志的王位，被选为神圣罗马帝国皇帝，西班牙国王查理一世从此又成为神圣罗马帝国的皇帝查理五世。在他治下，西班牙帝国的版图囊括了近乎小半个欧洲大陆，[①] 分别包括从其祖父马克西米利安继承的神圣罗马

① 西班牙本土、德意志地区、低地国家，以及现今意大利的那不勒斯、米兰、西西里、撒丁尼亚等。

帝国皇帝和哈布斯堡王朝在奥地利的世袭领地，从其外祖父阿拉贡的费迪南继承的阿拉贡王国领地（包括撒丁等几个地中海小岛和意大利南部的那不勒斯），从其外祖母卡斯蒂利亚的伊莎贝拉继承的卡斯蒂利亚王国以及从其祖母玛丽继承的勃艮第和尼德兰。1515 年查理又获得了匈牙利和波希米亚的土地。1519 年查理当选为神圣罗马帝国的皇帝后，一个多民族的庞大的哈布斯堡帝国形成。

查理五世在位期间（1519—1556 年）也是西属美洲殖民地形成的主要时期。1519 年，西班牙探险家赫南多·科泰斯率领其征集的军队 600 多人离开古巴，北上远征北美大陆的阿兹特克帝国，由此开始了西班牙的大陆殖民地征服时期。同年 3 月，科泰斯一行在今维拉克鲁斯建立了西班牙人在中美洲的第一个城市。接着，他又向墨西哥中部高原进军。科泰斯通过与阿兹特克帝国敌对的印第安部落结盟，从而得到了许多军事物资和兵力，以及许多有关阿兹特克人的军事情报。阿兹特克人妄图用金银财宝来换取西班牙人的撤军，但西班牙人却利用阴谋手段进入其首都特诺奇帝特兰城，擒获国王蒙特苏马二世作为人质，从而轻易地征服了这个帝国。1521 年 8 月，最后的反抗者投降，阿兹特克帝国沦为西班牙的殖民地。逐渐地，整个中美洲落入西班牙人手中。

征服中美洲之后，西班牙的统治者将眼光瞄向了它的南边，印加帝国成为西班牙殖民者称霸南美的第一站。1531 年，西班牙征服者弗兰西斯科·皮萨罗率领一支不足 200 人的远征军从巴拿马出发，准备入侵印加帝国。1532 年 11 月，他的队伍占领了印加帝国北部重镇卡哈马卡，然后以谈判为诱饵活捉了印加帝国的皇帝并背信弃义地将其杀害。接着又乘着印加帝国群龙无首之机洗劫了印加的首都库斯科，这样，印加帝国也被征服了。1535 年，西班牙人在海岸建立了利马城，作为秘鲁殖民区的首府。同年，厄瓜多尔、乌拉圭、巴拉圭相继被西班牙征服。1538 年，玻利瓦尔、哥伦比亚和委内瑞拉被西班牙人占领。1541 年，智利的沿海地带也都被纳入西班牙帝国的版图。在 20 年的时间内，一个面积不及 50 万平方公里的欧洲国家征服了美洲约 200 万平方公里的土地，到 1550 年，西班牙已征服葡属巴西以外的整个南美、中美以及北美的一部分。西班牙本土卡斯蒂利亚和阿拉贡的人口总共不过 700 多万。而在征服之前的美洲人口至少有 5000 万之多。西班牙对美洲的征服，为人类历史上创造第一个真正领土遍及世界的帝国提供了可能性。

西班牙的殖民政策和目的并非向海外移民、向外海寻求生存空间，而是控制和掠夺资源与财富，增强国力。西班牙是最早在殖民地通过武力征服、掠夺和杀戮等手段进行资本原始积累的国家。在新大陆，西班牙人没有找到其期望的香料，却在墨西哥和秘鲁发现了大量的金银。征服中南美洲后，它并没有像当初在自己本土驱逐穆斯林那样驱逐印第安人或强行同化，而是去教化他们、管理他们，为此还颁布了《印第安人保护法》。它又在那里设立殖民政府，实行直接统治。对西班牙宗主国来说，美洲带来了实实在在的物质资源，广大的海外殖民地，不仅有源源不断的金银流入，而且又是商品销售市场和原料产地。16 世纪初的西班牙，总共有商船一千多艘，每年有两支船队开往美洲，满载黄金、白银、蔗糖和可可等美洲产品运回西班牙。西班牙垄断了对美洲的贸易，最初主要是大量的黄金和白银从墨西哥和玻利维亚的矿山流出，后来，大种植园生产的动植物产品的价值甚至超过了金银的价值。所以，西班牙向海外扩张只是将越来越多的民族纳入它日益庞大的殖民帝国，将它的势力延展到世界各地。

总而言之，对西班牙帝国来说，16世纪上半期是它的黄金时期。这一时期，在海外扩张和王室联姻等多种因素的作用下，它由一个蜷缩在欧洲西南角半岛上的民族国家一跃成为一个世界帝国。从领土跨度上来看，查理五世统治下的哈布斯堡帝国东起匈牙利，西至太平洋沿岸的美洲领地。领土包括匈牙利的一部分、哈布斯堡家族在德意志境内的多处领地、南意大利、西班牙、法兰斯—孔德和尼德兰、西属美洲及北非的丹吉尔、奥兰等小片属地，帝国跨越了欧亚美三大洲，成为一个拥有“太阳永远不落”的广大疆域的殖民大帝国，也是世界历史上第一个事实上的“日不落”帝国。

查理五世的帝国是一个结构松散的“拼盘”帝国。其欧洲部分是由若干个王国、公国、侯国和伯国组成的。这些破碎的领土既不接壤，又没有一个统一而有力的中央政府对其进行统一管辖，各个属地都是独立的政治实体，经济发展状况不同，文化传统迥异，地方特权和习俗很难触动。因此彼此之间缺乏有效联系，臣民也没有统一的国家意识，因而难以形成一个真正意义的帝国。国王只能依据它们各自的特点分别进行统治。查理五世拥有若干国王、公爵、伯爵头衔，他的臣民更多的只是将他看作自己所属邦国的君主，而不是一个联合帝国的国王。不论是在西班牙、尼德兰还是意大利，像法兰西那样强大的王权都不存在。在查理五世统治帝国的近半个世纪，也没能将松散的属地集合体整合成一个真正统一的帝国。

但帝国的重心始终在西班牙。西班牙是查理五世帝国中最重要的部分，它的稳定关乎整个帝国安危，他也一直将西班牙作为他对外战争最可靠的后方阵地。首先从帝国领地的隶属关系上来看，大部分领地直接隶属于西班牙。南部意大利和美洲分别隶属于阿拉贡和卡斯蒂利亚，这两块领土加上他们的宗主国已经占据帝国领土的绝大部分。其次纵观查理五世对帝国近 40 年的统治，西班牙利益一直是他关注的核心。查理成年后的一半时间都待在西班牙，1556 年退位后的查理没有选择他出生、成长的尼德兰，而是选择了西班牙作为养老之地。查理五世统治前期的争霸战争大部分都是西班牙利益的体现，如地中海争霸战争、同法国在意大利的争霸战争，其首先要保护的都是西班牙的利益。而且，西班牙也是查理五世帝国最大的政治和经济依靠。西班牙是政治稳定、人口众多的欧洲大国，为查理五世的欧洲争霸战争提供了政治和经济保障。在军事上，西班牙步兵军团是他在欧洲争霸战争中的利器，其战斗力在意大利战争中展现得淋漓尽致。施马尔卡登战争中，西班牙士兵征战德意志，成为令德国人恐惧的力量。西班牙海军在当时的欧洲也是首屈一指。在如此庞大的帝国中，伊比利亚人当然会有别于其他地区的居民。他们在欧洲被称作西班牙人，在美洲等地被称作“半岛人”。也就是说，在西班牙哈布斯堡王朝统治下的那个多民族的巨大殖民帝国中出现了一个作为统治民族或“主体”的西班牙民族。查理五世的帝国实质上是一个以西班牙强大的军事实力为后盾，利益遍布欧美的世界帝国。

16 世纪后半期是西班牙王国最辉煌的时期。同德意志的分离意味着卸掉了沉重的包袱，而帝国的核心与优势则全部集中到菲利普二世（1556—1598 年）名下。它不仅是当时最强大的“海上帝国”，而且是欧洲大陆的头号强国。“这个帝国在关键性的一年，出现于伟大的神圣罗马帝国遗留下来的疆域内。它甚至比查理五世的帝国还更加庞大、更加团结、更加巩固，在欧洲受到的约束更少，更加以西班牙为中心，并因而更被引向大西洋。这个帝国的君主虽然缺少那个似乎能够把他的其它不胜枚举的称号归结统一起来并使之圆满的富有魅力的神圣罗马帝国皇帝的称号，但这个帝国却已经具有一个帝国的实体、疆土以及五花八门、不相一致的现实事物和财富。”① 欧洲和美洲广袤的领土，众多的人口，强大的海军舰队和陆军兵团，以及来自尼德兰、卡斯蒂利亚和美洲的财富……这些优势足以让其他欧洲国家望尘莫及。凭借这些条件，西班牙将它的辉煌一直延续到了 17 世纪初。

五、连续不断的对外战争

16 世纪初的西班牙突然成了欧洲最强大的国家，其国

① ［法］费尔南·布罗代尔：《菲利普二世时代的地中海和地中海世界（下卷）》，商务印书馆 1992 年版，第 27 页。

王查理又当上了神圣罗马帝国的皇帝，这样，西班牙就自然而然地成为欧洲霸主。但随着西班牙的统一强大和哈布斯堡王朝入主西班牙，西班牙开始更多插足于欧洲事务，哈布斯堡王朝是通过政治联姻和继承权来扩大和控制领土的，这意味着哈布斯堡王朝在继承了来自欧洲各不相连的领地的同时，也继承了相应的责任和义务，因此汇集了各种矛盾，面临着各方的挑战。查理五世的多重身份决定他必须为不同国家的利益而与多个敌人斗争。“作为尼德兰的领主，要收复阿图瓦和许多城市；作为那不勒斯和西西里的国王，看出弗朗索瓦一世准备像路易十二那样以同样的名义索取他的城邦；作为西班牙的国王，他要保住侵占的纳瓦尔；作为神圣罗马帝国皇帝，他要保护米兰公国的大领地以抵制法国的贪求。”[①] 总之，在位 40 年时间，这位查理五世皇帝几乎连续不断地、通常作为主角卷入欧洲各个角落的几乎每一场冲突。匈牙利、地中海地区和北非的基督徒与穆斯林之间的冲突，主要以德意志为中心的新教徒与天主教徒之间的冲突，主要以意大利为中心的法兰西君主与西班牙人之间的冲突，甚至还由于他的姊妹与丹麦国王联姻而卷入争夺波罗的海霸权的斗争。此外，作为新世界的统治者，他还要与欧洲各国进行海上争夺。

1556 年查理退位，其儿子菲利普二世在继承权力的同时，也继承了巨大的责任。继承的权力使他能够在欧洲傲视群雄，但由此带来的责任则使他不得不像其父亲一样穷兵黩武。菲利普二世统治的西班牙虽然不像查理五世帝国

① ［法］伏尔泰：《风俗论（中册）》，商务印书馆 1986 年版，第 458 页。

的领土那样破碎，但他所面对的敌人并不比他的父亲少。总的来说，16 世纪后半期是个多事之秋。不仅国内局势不稳，叛乱时有发生，而且国际形势也是更加的紧张。菲利普二世上台后不久，就面临着西欧北部领地上掀起的一场革命风暴——尼德兰革命的打击；在地中海，他要继续与奥斯曼帝国作战，保护地中海沿岸的领土；在大西洋和美洲殖民地，他面临着英国人的不断挑衅；查理五世作为天主教保护者的责任似乎也落到了菲利普身上。菲利普长期支持法国天主教贵族同新教徒的战争……为此，西班牙不得不开展大规模的军事活动，对内实行镇压，对外展开战争。

总的来说，16 世纪西班牙最主要的敌人是法国、奥斯曼帝国和英国。

首先是与法国的战争。法国国王弗兰西斯一世是查理五世一生中最头痛的敌人之一。西班牙与意在谋求欧洲霸权的法兰西仅一山之隔。自从伊莎贝拉与费迪南的政治婚姻使西班牙实现了形式上的统一，西班牙就成为一个可以与法国相抗衡的大陆强国。1519 年，西班牙国王查理一世当选为神圣罗马帝国皇帝（改称查理五世），成为西班牙、德意志、尼德兰、勃艮第、奥地利、西西里、那不勒斯的统治者，这些领土在地缘上对法国形成包围之势。法国原是西欧举足轻重的大国，可这时却处于东、北、南三面被西班牙人包围的境地，国家安全受到严重威胁。除了地缘上的冲突，法西两国也存在着领土争端。领土争端主要来自于三个方面：纳瓦尔、勃艮第和意大利，而主战场是意大利。15 世纪的意大利城市繁荣、经济发达。意大利南部的那不勒斯和西西里已是西班牙的属地，北部城市和邦国就成为法国和西班牙的争夺对象。

意大利战争的导火线是米兰公国的内部斗争。当时，米兰公国分为两派，一派求助于那不勒斯（西班牙）的支持，另一派则依靠法国。1515 年弗兰西斯一世登上法国王位以后，开始谋划入侵意大利的行动。1516 年 9 月，法国在威尼斯的帮助下，打败了同米兰公爵结盟的瑞士军队，占领了米兰公国，获得北意大利的霸权。1519 年当选神圣罗马帝国皇帝的查理，先是巩固了与英王亨利八世的同盟关系以共同对付法国，之后又拉拢教皇利奥十世签订秘密条约，计划于 1521 年底共同出兵米兰。弗兰西斯一世得知消息后先发制人，在意大利、尼德兰和纳瓦尔同时发动战争，战争的重点仍在意大利。但是意大利战场的法军作战不利，米兰很快落入联军之手，帕尔玛和皮亚琴察的法军也被驱逐，纳瓦尔和尼德兰的战线同样以法国失败告终。次年，在米兰附近的比柯卡，法国军队再次遭到惨重失败，法国方面被迫彻底放弃了伦巴底地区，还被迫将热那亚拱手让与西班牙。法国势力被彻底赶出意大利。

1524 年 10 月，不甘心失败的法王再次大举入侵意大利，亲率 4 万大军翻越阿尔卑斯山直取米兰。帝国军队难以抵挡来势凶猛的法军，退守帕维亚，米兰再次落入法国之手。之后法军继续进攻，围困了帕维亚。为解除帕维亚之围，查理五世派出重兵在帕维亚集结。1525 年 2 月，一场决定性的战役在帕维亚爆发。结果，疲惫不堪的法军被西班牙军队一举击溃。法王弗兰西斯一世被俘，押送到马德里。帕维亚战役以查理五世全胜而宣告结束。1526 年 1

月，查理五世同弗兰西斯一世签署了《马德里和约》。为了重获自由，法王答应将他的曾祖父路易十一夺取的勃艮第遗产归还给查理五世并从米兰撤出，放弃对意大利的米兰、那不勒斯、热那亚和阿斯蒂的主权要求，还将自己的两个儿子作为人质。但弗兰西斯一世获释回到巴黎后，马上宣布《马德里和约》无效，拒绝执行这个强加给他的条约，特别是拒绝交出勃艮第公国。查理五世因受到德国国内宗教问题的牵制，不愿陷入长期无休止的对法战争。最终，查理五世只以弗兰德斯和阿图瓦的宗主权以及一笔法国王子的赎身费低调解决了法国问题，帕维亚战役的成果化为乌有。

为了在军事上打败查理五世，弗兰西斯一世四处奔走，寻求盟友。经过一番外交努力，法国成功地拉拢威尼斯、佛罗伦萨、教皇克莱芒七世和米兰等组成了“科涅克同盟”，一致反对西班牙并支持与查理五世为敌的新教诸侯联盟。此外，弗兰西斯一世还借助土耳其异教徒的力量打击查理五世。1526 年 6 月，西法冲突再次爆发。帝国大军在意大利连战连捷，但是不久因军备匮乏和长期拖欠军饷引起了混乱。1527 年 5 月，帝国军队进军罗马，入城后进行了空前的杀戮和抢劫。同年 8 月，一支法国军队进入伦巴底封锁了米兰。次年 2 月，法国军队经教皇国进入那不勒斯王国，后因军中爆发霍乱而被迫撤军。1529 年再次出兵米兰的法国人被西班牙人击败，法国又一次彻底退出意大利。与此同时，查理五世这边的形势也不容乐观。一方面以法国为首的“科涅克同盟”的威胁还没有解除；另一方面土耳其人又在莫哈奇战场给了他当头一棒，原本属于帝国版图的匈牙利几乎全部被土耳其人收入囊中，这严重挫伤了查理五世的气势。在这样的情况下，法西两国再次休战，于1529年8月签订《康布雷条约》，弗兰西斯一世再次放弃了对意大利的要求，也放弃了他对弗兰德斯和阿图瓦的管辖权。作为交换条件，查理五世同意不再坚持《马德里和约》中对勃艮第提出的要求。1530年2月，查理五世到达意大利，在波伦亚被加冕为意大利王。这一阶段的战争以查理五世最终确立了在意大利的霸主地位而宣告结束。此后，法国伐洛瓦王室和西班牙哈布斯堡王室进入了一个政治对话时期。

不过，伐洛瓦王朝同哈布斯堡王朝之间的斗争并没有停止，两国争夺的重点仍是米兰。1535年，米兰的统治者弗兰西斯科·斯福尔扎死后没有子嗣，法王弗兰西斯要求将米兰赐给他的次子即亨利二世，查理五世拒绝了法王的要求，却让自己的儿子菲利普继承了米兰公国管辖权。于是法王动用武力再次入侵意大利，并轻而易举拿下了忠于查理五世的萨伏依公国，占领了都灵，直接威胁到米兰。正忙于攻打突尼斯的查理五世闻讯立即调兵，从海陆两面攻打法国。查理五世在热那亚舰队的协助下攻入法国普罗旺斯，直取马赛，他的北路大军则扫荡了法国的香槟和皮卡底。但由于奥斯曼帝国的威胁还未解除，查理五世在教皇调停下同意和谈。1538年双方签订《尼斯和约》，肯定了此前的《康布雷条约》，交战双方保留各自占领的土地：弗兰西斯一世保有萨伏依和皮埃蒙特的2/3，其余1/3仍旧在西班牙手中。

《尼斯和约》使两军仅仅保持了四年的和平，1542年战争又起。此时，查理五世认为自己的帝国已经足够强大和安全了，于是他让其子菲利普就任米兰公爵。这是法国国王无论如何都不能接受的。1542年7月，弗兰西斯一世以两名法国密探在帕维亚附近被暗杀为借口，第四次向查理五世宣战。同时他还向土耳其和北非伊斯兰势力求助。在土耳其海盗巴巴罗萨舰队的配合下，法国夺取了尼斯，但却未能占领该城的要塞。在此情况下，法西两国再次和解，但弗兰西斯一世霸占米兰之心不死，查理五世则坚持保留对勃艮第公国的管辖权。为再次挑起战争，法王发起新的外交攻势，四处寻找盟友。他一方面同奥斯曼帝国苏丹苏莱曼一世达成协议，两国舰队在西地中海协同作战共同对付查理五世；另一方面和丹麦、瑞典、苏格兰结盟，准备对尼德兰发起攻击。而查理五世也同英国国王亨利八世达成了由海陆两线共同进攻法国的协定。1543年8月，法土奥联合舰队进攻意大利的尼斯，战争再次爆发。英王亨利八世与查理五世联合攻打法国本土，企图迫使法王从意大利撤军。法军节节败退，被迫求和。1544年9月，查理五世与弗兰西斯一世签订《克雷皮和约》，根据条约，两国停止敌对状态，保持《尼斯和约》所规定的边界，查理五世放弃对勃艮第公国的管辖权；弗兰西斯一世则放弃对萨伏依、那不勒斯的管辖权。条约还同时约定了弗兰西斯一世儿子奥尔良公爵与查理五世女儿之间的婚约，米兰将作为嫁妆划给法国。但对法国来说不幸的是，奥尔良公爵于1545年9月去世，因此米兰重新回到了查理五世手中。

1547年，法王弗兰西斯一世逝世，他的儿子亨利二世继位。1556 年，查理五世的儿子菲利普二世继承了西班牙王位，但西法关系并没有因为统治者更替而得到缓和，双方在意大利的争夺战还在进行。1557 年，法国派军队攻打那不勒斯，西班牙国王则命令萨伏依公爵率军侵入法国境内的战略要塞圣金廷。8 月，两国军队在圣金廷遭遇，最终法国战败。但每况愈下的财政状况使菲利普二世迫切希望结束和法国的对抗。1559 年 4 月，西法两国签订了《卡托—康布雷齐和约》，结束了两个家族几十年的战争。根据和约规定，法国放弃萨伏依和皮埃蒙特，并随之放弃对意大利领土的要求。不过，法国保留了都灵、萨卢佐和皮涅罗尔等要塞和北部的梅斯、图勒和凡尔登三个著名的主教辖区；西班牙则进一步巩固了在亚平宁半岛的统治地位。和约缔结后，意大利和德意志恢复了安定，西班牙将更多精力投向了大西洋，法国也将视线转向了国内，欧洲进入了又一个相对平静的时期。

其次是同奥斯曼帝国的战争。除了法国以外，西班牙在东方还有一个强大的敌人——奥斯曼帝国。这个帝国不仅拥有广阔的领土，还是一个海上大国。早在 14、15 世纪，奥斯曼帝国就在中亚崛起并开始扩张。1453 年，奥斯曼土耳其人攻陷拜占庭首都君士坦丁堡后，成为伊斯兰世界继阿拉伯帝国之后对基督教欧洲新的威胁。它先是把南欧和中欧作为自己的侵略目标，15 世纪后期，塞尔维亚、波斯尼亚、黑塞哥维那、阿尔巴尼亚先后被纳入帝国版图。16 世纪初，奥斯曼帝国扩张的重心又转移到了西亚和北非。很快，奥斯曼帝国就发展成一个地跨欧亚非三洲的大帝国。1520 年苏莱曼大帝继位后，奥斯曼帝国进入鼎盛时期。苏莱曼一世是继弗兰西斯一世之后又一个最令查理五世头痛的敌人。奥斯曼帝国在欧洲的进一步扩张，严重侵害了哈布斯堡家族领地的利益与安全。双方的冲突主要表现为对于匈牙利和地中海制海权的争夺。当然，作为欧洲皇帝的查理五世也负有保护基督教世界、打击异教徒的责任和义务，因此宗教的对立和冲突也贯穿西土战争的始终。

1526 年，苏丹苏莱曼一世率军首次入侵匈牙利，匈牙利兼波西米亚国王路易二世带兵抵抗，双方大军在多瑙河右岸的莫哈奇平原对峙。由于匈军组织不力、军心涣散，在奥斯曼军队大炮的轰击下溃不成军。国王路易二世战死沙场。随后奥斯曼大军攻占了佩斯和布达两城，匈牙利大部分地区沦陷。由于路易二世没有子嗣，查理五世的弟弟费迪南以姻亲关系成为匈牙利和波希米亚的国王，统治匈牙利北部的大片领土。1528 年夏，奥斯曼军队发动了第二次征讨匈牙利的战争。1529 年秋，奥斯曼帝国 10 万大军围攻维也纳。此时，查理五世正陷于与法国的意大利战争，无暇东顾。费迪南以两万大军坚守维也纳。随着冬季到来，因缺乏给养和弹药，苏莱曼不得不下令撤军。土耳其人第二次远征匈牙利虽然没能攻陷维也纳，但却震惊了整个基督教世界。查理五世与教皇协商组建新十字军事宜，法王弗兰西斯迫于压力也答应给查理五世提供军队。1530 年，哈布斯堡王朝发动全面反攻，在这一年的 12 月重新占领了布达，并意图进一步夺回匈牙利。

这种局面迫使苏莱曼一世开始筹划第三次征伐匈牙利。1532 年 7 月，苏莱曼率领 30 万大军穿过匈牙利，直逼奥地利。基督教世界放弃宗教纷争，同仇敌忾，查理五世组建了一支由天主教徒和新教徒共同组成的德意志、意大利和西班牙联军，也是欧洲有史以来规模最为庞大的军队，赴奥地利迎击土耳其人。最终，奥斯曼大军因在距离维也纳100多公里的要塞小镇贡斯受阻失去战机，对奥地利劫掠一番后撤军。1533年，在波兰国王的调停下，苏莱曼与费迪南签订了和约，规定费迪南放弃其对匈牙利王位的要求，仅保留自己占有的匈牙利西部和北部狭长地区。奥斯曼帝国任命附庸统治匈牙利大部，与费迪南分治一国。和约签订后，双方在各自境内修筑防御攻势和要塞，巩固边境。1534年，苏莱曼一世与费迪南又开始了新一轮的匈牙利战争。战争一直持续到1545年，由于没能从查理五世那里得到支援，费迪南被迫向苏莱曼求和。双方实现了停战并于1547年签订了有效期为5年的和平条款。费迪南仍维持对匈牙利西北部狭长地区的统治，但每年要向奥斯曼帝国支付3万匈牙利杜卡特的年金。此后两国争夺匈牙利的战争时断时续，一直延续到1562年。但是两国疆界没有太大的变化，费迪南一直以奥斯曼帝国封臣身份统治他控制的地区。

除了欧陆的战争不断，西班牙与奥斯曼帝国在地中海也存在着激烈的争夺和斗争。查理五世与苏莱曼大帝统治的两个海上强国为争夺地中海控制权而战事不断。由于地理位置的关系，以西西里岛和突尼斯之间的海峡为界，西地中海域及西西里岛、撒丁岛、巴利阿里群岛等都牢牢地控制在查理手中；奥斯曼帝国则在东面的地中海部分占有优势，只是靠近小亚细亚和伯罗奔尼撒半岛的塞浦路斯和罗得岛、克里特岛及一些爱琴海小岛还控制在基督徒手中。

1522年6月，苏莱曼一世的舰队开始封锁和围攻骑士团坚守的罗得岛，经过长达半年的围困，骑士团的骑士们被迫撤至地中海中部的马耳他岛，罗得岛的陷落使土耳其人的势力扩张至地中海中部，直接威胁到意大利沿海地区。1532年，帝国舰队在教皇、马耳他和西西里的三支舰队支援下进入东地中海，征服了勒班陀和科龙。随后，苏莱曼一世任命北非海岸的海盗海拉丁·巴巴罗萨为海军总司令、阿尔及利亚总督，并于1534年夺回了勒班陀和科龙，还攻占了一直与查理五世保持友好的突尼斯，以突尼斯为基地威胁意大利。1535年7月，查理五世在巴塞罗那聚集了300艘战舰，亲自率领大军出海作战。在这场海战中，奥斯曼舰队的多数战舰被摧毁，查理五世大获全胜，重新夺回了突尼斯。但来自北非的威胁并没有彻底解除。北非海盗继续以阿尔及利亚为基地，不断骚扰巴利阿里群岛、巴伦西亚海岸和意大利南部。1541年秋，查理五世决定征伐阿尔及尔，惩罚肆虐地中海的北非海盗，彻底摧毁海拉丁·巴巴罗萨的力量。但出征不久即在阿尔及利亚海岸遭遇风暴，扫清海患的计划以失败告终。

16世纪中期以后，围绕北非的突尼斯、的黎波里等地，哈布斯堡王朝与奥斯曼帝国的战争时断时续，地中海争夺一直没有完全平息下来。1556年继位的菲利普二世为夺回地中海控制权，继续与奥斯曼帝国展开激烈争夺。但1560年，西班牙在杰尔巴战败。之后，土耳其人于1563年进攻奥兰，1565年又图谋攻占马耳他。至此情况下，不仅那不勒斯、西西里，就连西班牙本土也有受到土耳其人入侵的危险。1566 年苏莱曼大帝驾崩，其子谢里姆继承了苏丹之位。新苏丹试图从威尼斯人手中夺取塞浦路斯岛。1570 年 7 月，土耳其军队在塞浦路斯岛登陆，接着攻占了尼科西亚。威尼斯向基督教王国求援，教皇劝服菲利普二世联合基督教王国共同抗击奥斯曼帝国的扩张。1571 年 2 月，西班牙、威尼斯、马耳他骑士团和罗马教廷签订联合条约，成立了神圣同盟。其重要的条款如下："这个同盟为永久性的，不仅是为了对付土耳其人，也同时以阿尔及尔、突尼斯和的黎波里为对象。同盟的兵力定为快船 200 艘，其他战船 100 艘，步兵 5 万，轻骑兵 4500 人和大量的大炮。战费的一半由西班牙负担，其余一半的 2/3 由威尼斯负担，另外 1/3 则由教皇负担。"① 之后，四国组建起一支规模庞大的联合舰队。1571 年 10 月，集结完毕的联合舰队驶入勒班陀海湾，兵分三路对奥斯曼海军发起进攻。神圣同盟海军在明显劣势的情况下，大败奥斯曼军队，取得海战胜利。但由于同盟内部就下一步作战部署出现分歧，没能采取进一步行动。1573 年 3 月，威尼斯与奥斯曼帝国秘密媾和，神圣同盟解体。勒班陀海战之后，虽然地中海海域依旧战事不断、海盗猖獗，但奥斯曼帝国对欧洲特别是对西班牙不再构成威胁。

再次是同英国的战争。初期的英格兰虽然只是一个小小的岛国，但得天独厚的地理位置，却使其成为哈布斯堡

① ［英］富勒：《西洋世界军事史（第一卷）》，广西师范大学出版社 2004 年版，第 490 页。

王朝和伐洛瓦王朝争相拉拢的对象。如果它站在哈布斯堡王朝一边，哈布斯堡王朝不仅可以完成对伐洛瓦王朝的包围，还能以它为跳板更好地保卫和控制尼德兰。而尼德兰是哈布斯堡王朝最富庶的属国，是帝国战争费用的主要来源之一。所以，没有英国的支持，哈布斯堡王朝要想打败法国、称霸欧洲几乎是不可能的。1519 年起，查理五世和弗兰西斯一世都开始各自寻求与英王亨利八世结盟。历史上，英国和西班牙有结盟的传统。现实中，亨利八世和他的谋臣们也为查理五世的力量所吸引，决定将赌注押在查理五世这边。于是，1521 年亨利八世和查理五世亲自举行了会谈，约定查理将娶亨利的女儿玛丽·都铎为妻，双方结成反法同盟，在随后的西法战争中，英国站在了西班牙一方。1554 年，西班牙与英国再次联姻。查理五世的儿子、后来继位的菲利普二世与英国女王玛丽签订婚约。1557 年 1 月，哈布斯堡王朝和伐洛瓦王朝的战争再次爆发，英国参加了对法战争。英国在战争中并未发挥太大的作用，但却因此失去了在欧洲大陆仅存的一块战略要地——加来港。

1558 年玛丽去世后，她同父异母的妹妹伊丽莎白继承了王位。伊丽莎白统治初期，英国同西班牙的关系尚未发生重大变化。当时，英国国力并不十分强大，慑于西班牙和法国的军力威胁，伊丽莎白采取一种超脱态度，不想卷入西法两国的军事冲突。在国内，伊丽莎白奉行重商主义政策，保护工商业，发展航海事业。当时英国已经出现资本主义萌芽，以轻工业为主的工商业发展迅速，为了寻求原料和产品市场急于开拓海外市场，掠夺殖民地的扩张野心不断膨胀。但当英国人的民族意识逐渐觉醒，并开始向海外积极扩张时，首先遇到的是已经在西半球建立起自己霸主地位的西班牙帝国。而且西班牙政府对殖民地的贸易实行严格的垄断政策，禁止其他国家与其殖民地进行贸易，这引起了英国人强烈的不满，反西班牙情绪日益高涨，英国海盗也经常袭击西班牙商船。1568 年，伊丽莎白下令扣押西班牙一艘载有大量贵金属的商船，引起菲利普二世的不安。老牌殖民帝国与新兴殖民扩张国家之间为争夺殖民地、原料和市场的矛盾不可避免。

此外，尼德兰革命爆发后，西班牙派兵镇压，这严重威胁到英国与尼德兰之间的贸易和英国的安全。英国对尼德兰起义军物资和财政上的支持，也引起了菲利普二世的不满。两国关系开始变冷并慢慢趋于紧张，原来传统的盟友关系逐渐转变为对立的敌人。1585 年 5 月，菲利普二世扣留了英国在伊比利亚半岛各港口的船只，朝着对英公开宣战迈进了一步。伊丽莎白的反应是同意援助尼德兰的计划，在 1585 年 8 月和荷兰正式结盟，并派遣莱斯特伯爵率军进入荷兰，两国关系迅速恶化，并公开走向对抗。

1588 年 7 月底，西班牙与英国的大规模海战爆发，经过 12 天的激烈交战，西班牙号称欧洲规模最大的“无敌舰队”被英国击溃，残余的大约 50 艘船只于 9 月下旬返回到西班牙比斯开湾的桑坦德和圣塞瓦斯蒂安。英国政府意识到，这是一个绝妙的机会，倘若把这些船只摧毁，西班牙的海上力量将很难有恢复的希望。于是，英国决定利用西班牙舰队战败之机组织一次大规模远征。1589 年 4 月远征队出海，这次远征的另一个目的是占领亚速尔群岛中的一些岛屿，以便阻截途经这里每年去往或来自西、东印度的运送财宝船队。遗憾的是，远征队没有执行女王的命令首先去比斯开湾摧毁西班牙船只，而是直接去了靠近里斯本的克鲁纳。在克鲁纳的大肆掠夺浪费了两个星期的时间，削弱了自己的力量，而且给在里斯本的西班牙人提供了准备迎敌的机会。结果，英国军队围攻里斯本失败，部分船只受损，疾病和逃亡使水兵和步兵数量大为减少，最终船队被迫回国，远征失败。

与此同时，菲利普二世并没有因为“无敌舰队”的惨败而气馁，而是制订了通过大力发展造船业复兴西班牙海上力量的计划。一方面，他下令把60艘战船（包括大帆船）从桑坦德转移到克鲁纳整修；另一方面，重新开始建造一支用于作战的海军。其先锋是20多艘大帆船，其中12艘在1000吨以上。这支海军于1591年建成，西班牙海上力量恢复了。1596年10月下旬，菲利普二世乘英国海防空虚之机派出第二支“无敌舰队”进攻英国。但是，这支船队在比斯开湾遭到秋季飓风的袭击损失惨重，剩余船只被迫回到费罗尔港。此时的英国政府又一次面临着1588年“无敌舰队”残余回到西班牙后的那种形势。为消灭西班牙海军残余，英国于1597年夏又一次组织起远征队。对远征的目的，女王做了十分明确的指示：首先是摧毁在费罗尔的西班牙舰队。因为这一目的一旦实现，“在一个相当长的时间内，我们就不必担心来自他（菲利普二世）的威胁”。如果费罗尔的舰队已经出航，埃塞克斯必须尾随其后，并最终消灭之。完成这一任务后，埃塞克斯可以去亚速尔群岛拦截来自美洲的运银船，但必须在冬季前回到英国。[1] 不幸的是，远征队指挥官们仍把获取利润作为首要目的，直接驶向亚速尔，这导致远征再次失败。

西班牙原是欧陆的大国和海上的强国，在海外占有广大殖民地，并拥有较雄厚的国力。但在长期同法国、英国和奥斯曼帝国的竞争中，征战连绵不断，财力几乎耗尽，国力日渐衰落。

① A. L. Rowse, "The Expansion of Elizabethan England", London Press 1955, p. 313.

第四章　德国

一、“中央之国”的建立

德国居于欧洲的中央地带，最早的德意志王国素有“中央之国”的称呼，它的北面是丹麦的日德兰半岛，东北濒临波罗的海，西北濒临北海。东西两边的疆界一直变化不定。最早的德意志人是由生活在莱茵河以东、多瑙河以北地区的日耳曼部落和部族融合而成的。这些日耳曼人大约在公元前1000年就生活在北欧的波罗的海两岸——瑞典南部、日德兰半岛、德国北部及其沿海诸岛。公元前6世纪前后，日耳曼人大举内迁。他们赶走了居住于此的凯尔特人。到公元前1世纪左右，日耳曼人已经遍布于莱茵河以东、多瑙河以北的广大地区，因此这一地区被称为“大日耳曼尼亚”，大日耳曼尼亚地区也构成了后来德国的基本领土。

这些日耳曼部落和部族从西北到东南分别为弗里森人、萨克森人、法兰克人、阿勒曼尼人、图林根人、瓦本人和巴伐利亚人。其中弗里森人占据着北海沿岸及其附近岛屿；萨克森人生活在从北海到韦斯特瓦尔德、卡塞尔和哈尔茨山区的地区；法兰克人居住在荷兰、比利时、莱茵兰、普法尔茨和美茵河流域；阿勒曼尼人据有瑞士、阿尔萨斯和符腾姆贝格—巴登；在萨克森人和阿勒曼尼人以东，则是巴伐利亚人的土地。后来还融入了东南边区的奥地利人和东北边区的勃兰登堡人。当然，地理空间上的广阔性和各民族的不断迁徙，使得德意志人也成为不同种族群体的混合物。除了日耳曼人的血统，还吸纳了凯尔特人、斯拉夫人、普鲁士人、马扎尔人、地中海人和所谓阿尔卑斯人的成分。

公元前1世纪，莱茵河以西的高卢地区已经被罗马人征服。莱茵河以东的大日耳曼尼亚地区成为罗马人扩张的下一个目标。9年，罗马人在莱茵河边的条顿堡森林与日耳曼人发生一场激战。日耳曼人的一个部落首领赫尔曼，带领骁勇善战的日耳曼战士经过四天奋战，击败了罗马人。罗马人遭到毁灭性打击，三个军团共1.5万名官兵被全部歼灭，统帅瓦鲁斯自杀。条顿堡森林战役阻止了罗马人向莱茵河以东扩张的脚步，此后，莱茵河成为德国和古罗马帝国的边界。德国最早的一些城市就起源于古罗马的文化边陲，像斯特拉斯堡、美因茨、科隆、奥格斯堡、雷根斯堡、维也纳等城市，都由罗马所建的道路连接在一起。

3世纪，罗马帝国开始走向衰落。东部边境地区的日耳曼人各部落开始组成部落联盟向西扩张。衰弱的罗马帝国不得不允许整族的日耳曼人以同盟者身份进入帝国境内定居。4世纪下半期，匈奴人在黑海流域打败了日耳曼哥特人部落联盟的抵抗，这引起了一直处于非固定状态的日耳曼各部落联盟雪崩似迁移。在持续200年的南迁西进过程中，日耳曼人各族在原罗马帝国的领土上建立了一系列蛮族国家。对古代德国具有特殊意义的是486年由法兰克人在今天法国北部建立的法兰克王国。

随着不断的扩张，到6世纪中期，法兰克王国占领了几乎整个高卢，并征服了莱茵河以东的广大地区，包括阿勒曼尼人、巴伐利亚人和图林根人的地区，由此奠定了法兰克王国的地域基础。8世纪下半期，在位的法兰克国王查理大帝，一生东征西伐，建立东起易北河和多瑙河、西至大西洋、南起比利牛斯山和意大利、北至北海和波罗的海的疆域广大的帝国。

在查理曼帝国的版图中，日耳曼世界和罗马世界合而为一。但这个通过军事和行政手段联合起来的各民族的集合体，既没有统一的经济基础，也缺乏共同的文化纽带。生活在帝国内的各部落和部族有着不同的语言和生活习惯。莱茵河西岸的法兰克人受罗马文化的影响较大，在短时间内迅速被罗马化。而莱茵河东岸的日耳曼各部落几乎没有受到罗马的影响，只是各部落之间的融合日益加深。于是，西部受拉丁语影响，西法兰克人讲罗曼语，而东部法兰克人依旧是讲着属于日耳曼语系的早期德语。

查理大帝去世后不久，他的三个孙子于843年签订《凡尔登条约》，分割了帝国。其中，日耳曼人路易获得了莱茵河东部地区，连同美因茨、沃尔姆斯和斯派耶尔等地，称东法兰克王国。870年签订的《墨尔森条约》，使路易又获得了莱茵河与默兹河—索恩河之间的地区，包括阿尔萨斯等地。这两个条约为即将形成的德意志王国奠定了领土基础。其范围大致辖莱茵河、易北河和多瑙河之间的地区，即包括今天的荷兰、瑞士、奥地利和德国西部。919年，萨克森王朝的亨利一世（919—936年）即位后，将东法兰克王国更名为德意志王国，德意志的历史正式开篇。

德意志王国的疆域除巴伐利亚南部外，罗马帝国势力基本没有达到，罗马先进的文明对其影响很小。虽曾与莱茵河以西的地区共同处于法兰克王国的统治之下，但这里是法兰克国家的边区，是“欠发达”地带，这里虽有王权政治的传统，但部族传统更加深厚。因此，德国的封建制不同于在原罗马帝国领土上建立的日耳曼人国家，没有经过奴隶社会，而是从原始社会直接过渡形成的。其主要特点就是血缘关系比较牢固。部落联盟直接变成了国家的行政单位——公爵辖区，部落首领成为公爵。也因此，史家称德国公爵为部落公爵。这些部落公爵利用血缘关系控制军政大权，独立性很强。国王的最高权威在形式上受到尊重，然而贵族的真正地位并不会因此改变。10世纪初，德国有著名的四大公爵辖区，即萨克森、法兰克尼亚、巴伐利亚、士瓦本，它们就是由四个部落联盟演变而来的。德意志王国不过是这几大部落公国的松散联合体。

二、东征南伐的扩张之路

德意志王国处于欧洲腹地的中心位置，北面是海滨，西面与法兰西王国有了较固定的边界。所以，从10世纪初的萨克森王朝开始，凭借便利的地理条件，王国的扩张主要是指向东和向南两个方向。东面的斯拉夫人比较落后，还未建立起自己的国家；南面的意大利王国则徒有虚名，国家完全陷于分崩离析状态。

亨利一世统治时期，德意志国家在巩固既有疆域范围的基础上，开始向东部扩张。当时的易北河和萨勒河以东是斯拉夫人的土地，广布着山林和草原，这为日耳曼移民的迁入提供了充足的空间。亨利从928年开始了征服斯拉夫人的战争。在之后几十年时间里，德国人在被占领的斯拉夫人土地上建造起坚固的城堡，形成迈森、勃兰登堡等边区马克。955年，奥托一世（936—973年）击退了匈牙利的入侵后，继续对德意志的东部地区、易北河、萨勒河、奥得河流域地区进行大规模的拓荒和殖民活动。对东部地区的拓荒殖民活动有力地促进了德国社会经济的发展。拓荒把德国北部地区的沼泽地、低谷地、河滩地以及森林地改造成耕地，扩大了耕地面积，带动了农业生产技术的革新，农业生产工具、轮作制和生产程序都有了改进。

在东部扩张的同时，奥托一世还把扩张的重点指向了南方——意大利。意大利在当时是欧洲经济最繁荣和最富有的国家。951年，奥托开始入侵意大利，很快占领了上意大利的帕维亚，成为伦巴底邦国的主人。961年，奥托应罗马教廷的请求再次率军翻越阿尔卑斯山，征服了意大利的大部分地区。次年，教皇在罗马圣彼得大教堂为奥托加冕，把罗马皇帝的称号给了德意志国王。德意志历史上的第一个帝国——神圣罗马帝国建立。

神圣罗马帝国的皇帝在法律上是西方国家所有封建主的最高君主，但皇帝的头衔不是自动传给每一位德意志国王的。为了获得皇帝的称号，每一个新继位的德意志国王都必须亲赴罗马，由教皇加冕。没有加冕的只能称作德意志国王。另外，希望当教皇者，也必须保证忠于德意志国王，一旦被确认为教皇，就要为德意志国王加冕。但从11世纪开始，教会内部的宗教改革运动使教廷的威信不断提高，在选举教皇事务中，教廷开始排除德意志皇权的干预。1073年上台的教皇格雷戈里七世，主张教皇的权力高于皇帝的权力，宣称教皇是上帝的代理人，皇帝是从教皇手中获得皇冠的。他一直致力于争取教会的独立，并领导教廷同皇帝争夺最高统治权的斗争。皇帝与教皇之间的公开冲突最终因授职权的争夺而爆发。

1075年底，就米兰大主教的授职问题，教皇警告当时的皇帝亨利四世不要干预。亨利四世于是召集德意志主教和部分高级世俗贵族参加宗教会议，并在会上宣布废黜教皇格雷戈里七世。教皇毫不示弱，遂宣布破门律——开除、废黜和放逐亨利四世。这一惩罚非常严重，它意味着如果被惩罚者不在一年内获得教皇的宽赦，其臣民就可以解除对他的效忠宣誓。陷于困境的亨利四世为了保住王位，不得不带着少数随从翻越阿尔卑斯山，去意大利北部教皇当时的停驻地卡诺莎城堡，向教皇忏悔赎罪。亨利四世的忏悔举动迫使教皇不得不取消破门律，这使得亨利四世保住了权力并获得喘息之机。第二年，重新积聚起力量的亨利四世率军再次进军意大利，攻陷罗马。格雷戈里七世被迫逃亡，教皇另立新人。这一时期皇权与教权的斗争遂暂告一段落。于1122年签订的《沃尔姆斯宗教和约》是皇帝与教皇和解的标志。此和约规定：在德国，皇帝有权干预主教和修道院长的选举，国王对当选者先授予象征世俗权力的权标，然后由教廷授予象征宗教权力的指环和权杖；在意大利和勃艮第，皇帝无权干预主教和修道院长的选举，由教廷对当选者授予宗教权力，领地和特权等世俗权力可以由皇帝授予。[①]

霍亨斯陶芬王朝（1138—1254年）建立后，国王们把对意大利的统治作为基本国策。从1154年开始，弗里德里希一世（1152—1190年）在近30年的时间里先后六次远征意大利。他的目的之一是打击教皇的权势。他并不想认真遵守《沃尔姆斯宗教和约》，而是利用自己的军事优势继续在意大利任命主教，截取教会的收入。另一个重要原因就是意大利的发达和富庶可以为弗里德里希一切的统治提供丰厚的物质基础。所以，他入侵意大利的首要目标是那些富裕而强大的城市。通过军事征服手段，他把城市的关税、赋税的征收权，渔业、盐业和矿业的收益权，货币铸造权以及委派城市总督权都据为己有。据不完全统计，弗里德里希一世每年从意大利掠夺的财富远远超过他在德意志本土的收入。但意大利诸城市并不甘心被他掠夺，他们结成同盟进行反抗。1176年，北意大利各城市以米兰为首结成伦巴底同盟，他们联合教皇共同打败了弗里德里希一世，弗里德里希一世在意大利的扩张以惨败告终。此后，弗里德里希一世在意大利只保留形式上的最高

① 丁建弘：《德国通史》，上海社会科学院出版社2012年版，第34页。

授职权，并答应归还教会地产，不折不扣地执行《沃尔姆斯宗教和约》。

弗里德里希一世时期，为了换取大封建主支持他的意大利政策，放手让强大的萨克森公爵侵占易北河以东的土地，并授予授职权。萨克森公爵先后武力夺取了斯拉夫人的梅克伦堡和波美拉尼亚两地，势力扩充到奥得河畔。类似的权力也被授予给奥地利边区伯爵，并晋升其为公爵。12 世纪霍亨斯陶芬王朝以后人口迅速增长，德意志出现了新一轮的开拓和殖民浪潮。这一东扩进程在 14 世纪上半叶达到高峰，最东部一直推进到波西米亚的森林山地，最终在立陶宛与拉脱维亚的边境上停止了。不断延伸的东部边疆造就了一批实力雄厚、势力范围广大的诸侯，这些诸侯逐渐取得了对本公国的世袭权和其他独立性特权，势力日盛。几个世纪以来起政治重心作用的德意志西部和西南部地区，逐渐让位给了易北河—萨勒河以东地区的边区马克伯爵和公爵们。其中，势力强大的萨克森公爵、勃兰登堡伯爵和波西米亚国王，后来都成为帝国统治者的选侯，在德意志的历史发展中发挥着重要作用。

应该说，是地理上的便利助长了德国统治者的扩张野心，东征南伐的扩张政策也给德意志王权带来了广泛利益，但这种广泛性其实也是分散性。扩张带来经济利益的同时，造成王权的资源愈加分散。“由于这种特殊的地理位置，它空间上的任何一点都没有提供一种地理上的优势，来确保完整的政治统一，并形成政治中心。”①

① 刘英：《普鲁士军事变革及启示》，《军事历史》2006 年第 12 期。

三、城市同盟的黄金时代

德国北部地区河流遍布，易北河、威悉河、奥得河、维斯图拉河、涅曼河等共同构成了一个四通八达的水路网。这些河流水势平稳，即使是最小的河流也有利于中世纪吃水较浅的船只通航，水运十分便利。最重要的是，德国境内的这些河流又分别沟通波罗的海和北海。波罗的海是一个长月形内海，四周为陆地所环绕，从德意志到芬兰湾的广阔海域，有丹麦群岛、费马恩岛和吕根岛等诸多岛屿散布其间，沿岸则是诸多大河的入海口。在北德的波美拉尼亚和南瑞典之间，伯恩霍尔姆岛首先成为穿行两岸的船只的中转站。西侧通过日德兰半岛和斯堪的纳维亚半岛之间的狭窄海峡与北海相接。东侧通过里加湾、芬兰湾等海湾与斯拉夫地区，特别是与日益崛起的俄国贸易中心——诺夫哥罗德进行贸易提供了便利。德国西部的莱茵河也是欧洲重要的水路之一，贯通欧洲南北，拥有众多支流，这些支流四通八达，可以进入多瑙河水系，连接地中海和北海两大贸易区。从那里可以到达斯拉夫地区，也可以进入北海航线到达英国，还可以沿北海沿岸到达波罗的海和斯堪的纳维亚。

在中世纪的经济发展条件下，由于道路和桥梁设施落后残破，匪患严重，关卡林立，内陆交通很不方便。相较之下，河流作为天然的水道，具有运输成本低、速度快、载货量大的优势，因此在交通运输中占据重要的地位。在水路发达的河流两岸和沿海地区，有一系列城市兴起。如对北欧、英国贸易的汉堡、不来梅；对波罗的海贸易的哈勒和马德堡；对匈牙利、波西米亚、波兰贸易的雷根斯堡。地中海贸易圈的繁荣通过阿尔卑斯山口也刺激着北欧地区，拥有地理位置优势的北德意志城镇也逐步壮大。它们利用德意志北部的易北河、奥得河、维斯图拉河、涅曼河连同北海—波罗的海和地中海及至大西洋这些优良的河道和海上航道，将弗兰德斯、特鲁索、埃尔平、但泽、柯尔堡、沃林、什切青、卡明以及罗斯托克这些早期形成的城市紧密连接在一起。13 世纪后，往来于东西方之间的转运贸易路线最终固定在汉堡和吕贝克之间。汉堡和吕贝克的地理位置便于利用易北河、美因河、多瑙河等河流与科隆、美因茨、法兰克福、马格德堡、莱比锡甚至翻越阿尔卑斯山与意大利北部城市保持联系。

但自霍亨斯陶芬王朝开始，神圣罗马帝国的皇权日益衰落。对于城市的发展来讲，没有统一封建王权的统治，自然在经济政策和商业发展方面少了许多的限制和干涉。但要想依靠皇权来保护城市的工商业和贸易也是不可能的，尤其是在外部开拓和与外部商人竞争方面。这使德国城镇之间相互协调和相互保护的必要性大大增强。在这样的历史条件下，各城市为保护彼此之间的商业和贸易，采取了加强互助和联合的方式，地区性的同盟开始出现。

德意志南部城市临近意大利，与意大利北部城市有着活跃的商业往来，主要经营的是丝绸和香料等奢侈品。1226 年，美因茨、沃姆斯、斯特拉斯堡等莱茵城市为保护共同商业利益缔结莱茵同盟。弗里德里希二世曾下令解散同盟但遭到拒绝。这个同盟一直存在到 1236 年。1254

年，莱茵河流域的城市科隆、美因茨、沃姆斯和奥彭海姆等一度又恢复莱茵同盟，并组成一支雇佣军以确保商路畅通，商旅安全。加盟城市最多时达70个，遍及莱茵河中游、摩泽尔河和美因河一带。几乎与此同时，德国南方还出现了士瓦本同盟，加盟城市最多时达84个，其中最著名的有乌尔姆、康士坦茨、奥格斯堡和纽伦堡等。1381年，为了挫败封建骑士的掠夺，士瓦本同盟和莱茵同盟一度合并。1388年，在美因茨大主教、勃兰登堡边地侯和条顿骑士团联合镇压下，同盟被迫解散。

德意志北部的城市，地处北欧斯堪的纳维亚与南部地中海沿岸及西欧弗兰德斯和东方斯拉夫之间，以经营粮食、蜂蜜、食盐、野兔皮、貂皮、啤酒等为主。这些城市出于抵抗波罗的海和北海海盗以及保护商人的共同需要，也逐步走向结盟。1210年，吕贝克和汉堡同意在某些事务中使用共同的民法和刑法，并在本城中保护对方的商人，这可视为汉萨同盟①的肇端。1241年，两城“为保护其商人抵抗从特拉夫河口到汉堡或易北河任何地区的抢劫者或其他掠夺者”而组成了正式的联盟。1259年，吕贝克、罗斯托克和维斯马为联合镇压海盗也结成了类似的联盟。到1282年，当伦敦和布鲁日的商人汉萨同吕贝克和汉堡等城市的汉萨合为合作团体时，就北德意志的四个主要商业城市而言，中世纪规模和影响最大的汉萨同盟已经形成。

汉萨同盟成立之后，制定出一系列关于经济体系上的

---

① 汉萨同盟的正式名称是“全德商人公会”。

合作条例，不断向东垦殖，以经济手段扩充贸易据点。期间还建立了很多有名的城市和港口，例如现今位于拉脱维亚的里加港、罗斯托克城等。而随着新城市的建立，汉萨同盟建立了大规模的海上渔业，几乎涉及各种产品的生产及贸易，拥有当时欧洲最强大的生产和贸易能力，这种实力使其由原来的纯商业性质逐渐转变为带有军事及政治色彩性质，甚至可以和当时的任何政治力量抗衡。1362 年，当丹麦国王不允许其在丹麦领海捕鱼时，汉萨同盟派遣舰队攻下哥本哈根，几年后又迫使丹麦国王流亡。通过对丹麦的战争，汉萨同盟引起了全欧洲的关注。作为一个商业组织的汉萨同盟能打败一个实力强大的国家，这在历史上也是罕见的。通过战争，汉萨同盟完全控制了波罗的海贸易，取得了完全的海路贸易自由，确立起对波罗的海贸易的垄断权。1367 年，又有梅克伦堡、霍尔斯坦、科隆等城市加入汉萨体系，此外，同盟还通过莱茵河畔的法兰克福与奥格斯堡等南德城市建立了广泛的商业贸易关系，并在国外设立商站①，实力愈加强大。汉萨同盟为了垄断商业经济，不仅压制北德意志内部竞争，而且压制英国、弗兰德斯和俄国的竞争者，努力对波罗的海和北海两岸国家的商业特权加以控制。最终确立了稳固的北海—波罗的海贸易区。在垄断了北海和波罗的海贸易的同时，汉萨同盟的势力还拓展到英国、葡萄牙、俄国等地。

14—15 世纪，汉萨同盟进入全盛时期，其范围东起俄

① 汉萨同盟的商站是商品集散地，德国商人往来集居于此，在当地享有特权，有自己的司法组织，不受当地政府管辖，监督和保护在欧洲各地从事贸易活动的汉萨商人。

国的诺夫哥罗德，西至英国的伦敦、尼德兰的布鲁日，其南北轴线则从科隆延伸到挪威的卑尔根。这片广大的地域包括了德意志北部、条顿骑士团国家、俄国北部、芬兰、斯堪的纳维亚各国、丹麦、弗兰德斯和尼德兰以及英国。最多时曾有160多个城市加盟，最主要的成员有吕贝克、汉堡、不来梅等。此外，汉萨同盟商人在14、15世纪还是西欧、北欧和波罗的海地区最大的中间商和转运商。他们控制了从波罗的海到北海之间的所有远程贸易。但由于同盟各城市在地区上分散，利益上不完全一致，同时加盟城市内部也存在很多矛盾，因而同盟组织到15世纪下半期开始变得松弛。波罗的海和北海沿岸国家则趁机排挤汉萨同盟的势力。在俄国，1478年伊凡三世占领诺夫哥罗德后，便把汉萨同盟商人从俄国驱逐出去。瑞典国王斯塔夫·瓦沙在1524年宣布"瑞典王权作为汉萨人经商对象的时间太久了"，随后断绝了与吕贝克的关系，汉萨同盟在瑞典的商业特权丧失。长期蒙受汉萨同盟压迫的卑尔根也因汉萨同盟的衰落而变得大胆起来，开始削减汉萨同盟商人的特权。1563年，汉萨同盟在卑尔根的汉萨代办所被取消。汉萨同盟在波罗的海的商业垄断权逐渐被打破。

15世纪末16世纪初地理大发现以后，世界商业中心从地中海转到大西洋，葡萄牙的里斯本、西班牙的塞维利亚、尼德兰的安特卫普和英国的伦敦先后成为繁盛的国际贸易港口，中世纪欧洲的海上贸易和运河贸易被大洋贸易排挤，西欧原有的河道体系只是作为地方贸易而存在，规模大不如前，汉萨同盟所控制的商路的重要性大大降低。随着商业地位恶化，旧的商业联系失去了原有的意义，而新的商业联系又没有建立起来，汉萨同盟国际市场日益萎缩。德国分裂的格局和不利的地理位置也使其不能利用新的世界贸易路线。更为可怕的是，汉萨同盟不注重开拓国内市场和周围农村，周围农村对其提供的支持很少。与此同时，英国商人也开始在波罗的海发展壮大。他们将自己的布匹向德意志市场推销，当汉萨同盟城市表示拒绝时，英国女王伊丽莎白就将汉萨同盟商人从英国驱逐，并于1598年关闭了伦敦的钢院商站。面对英国、荷兰等新兴国家的强有力竞争，汉萨同盟的衰落是必然的。到17世纪中期，存在了近五个世纪的汉萨同盟彻底退出历史舞台。

四、三十年战争策源地

德国位于欧洲的心脏地区，交通四通八达，有着重要的战略地理位置。东西处在沙俄和法兰西之间，南有意大利的教皇国，北边仅有的水域处在斯堪的纳维亚国家和英国的控制之下。而德意志王权衰弱，内部各邦纷争不断，特殊的地理条件使得德意志很容易成为带有国际色彩的权力博弈地带，受到来自外部各方的势力影响和支配。

16世纪的欧洲大陆，东部俄国受东正教影响，罗曼诺夫王朝逐渐统一了俄国。俄国开疆拓土，向瑞典、奥斯曼帝国、中亚及远东地区渗透，掠夺了大量的国土。西部的西班牙、葡萄牙打着天主教的旗号通过复兴战争统一了伊比利亚半岛。欧洲西北隅的岛国英格兰，通过宗教改革建立起民族教会加强了王权。德国西部的法国，自古以来就不希望自己的近邻成为一个强大而统一的国家，并且哈布斯堡王朝势力的扩张一直是法国的心病。到16世纪，哈布斯堡王朝通过王室之间的联姻和其他手段控制了奥地利、德意志、西班牙、尼德兰、勃艮第及意大利部分地区。法国在东、南、北三个方向都面临着哈布斯堡王朝的威胁。但16世纪下半期，法国自身被宗教战争搞得筋疲力尽，无暇他顾。

16世纪末17世纪初，西班牙的霸主地位逐渐衰弱，欧洲进入群雄争霸的局面。在这种复杂的国际关系中，西班牙、奥地利哈布斯堡王朝与英国、法国、荷兰、瑞典、丹麦等国的矛盾是最主要的。英国是新教国家，它的海外殖民活动一开始就和老牌的“日不落”帝国西班牙的海上霸权发生矛盾。英国先是在海上组织海盗侵扰西班牙的运宝船，后于1588年打败了西班牙“无敌舰队”，扫除了英国殖民贸易的一大障碍。法国从内战的破坏中逐渐得到恢复，重新成为欧洲强国。亨利四世在外交上致力于削弱哈布斯堡王朝的实力，维持欧洲列强业已形成的有利于法国的均势。荷兰在17世纪初已成为一个独立的加尔文教共和国，基于宗教原因和现实利益，极力支持哈布斯堡王朝统治下的新教徒。瑞典为了输出铜、铁等产品，一直把波罗的海商路视为自己的生命线。从16世纪下半叶起，为了夺取波罗的海的控制权，瑞典与丹麦、俄国、德意志、波兰等国展开了争霸战。17世纪初，德意志天主教徒的势力开始逼近波罗的海，一支庞大的帝国军队在波罗的海沿岸的梅克伦堡和波美拉尼亚长期存在，而帝国军队对石勒苏益格—荷尔施泰因和日德兰半岛的占领，也使得瑞典十分不安。丹麦作为北欧强国，其经济利益和波罗的海休戚相关。松德海峡的关税收入被称为丹麦的“金窑”，而西班牙、奥地利哈布斯堡王朝一直威胁着丹麦在波罗的海的利益。

同一时期的德意志仅仅是一个地理概念，并非一个民族国家。在德意志内部，存在着大大小小的诸侯，它们之间纷争不断。在马丁·路德宗教改革以后，各邦之间的宗教信仰又有了不同。除个别地区外，德意志北部、中部和东北部信仰新教，如勃兰登堡、巴拉丁和萨克森三大选侯是新教徒；德意志西北部、西部和东南部以及哈布斯堡家族的领地则信奉天主教。如波希米亚国王、科隆大主教等四大选侯是天主教徒。信仰新教的诸侯与信仰天主教的诸侯为了争夺领地、城市或其他重要财富展开争斗。除了各邦诸侯之间的斗争之外，还有各邦与神圣罗马帝国皇帝之间的斗争。皇帝试图削弱各邦的地方权力，加强帝国的中央权力，这就与试图自保或者扩张的各诸侯产生了矛盾。政治上四分五裂、宗教上尖锐对抗，是当时德国面临的严峻现实。1608 年，皇帝鲁道尔夫二世指使天主教徒巴伐利亚公爵派兵夺取了新教自由市多纳沃特，并且在这个城市恢复了天主教。这大大激化了新教与天主教各邦的矛盾。同年 5 月，德意志新教诸侯结成新教同盟；次年，天主教诸侯成立了天主教联盟。两个阵营又分别勾结外部势力增强自身实力，支持新教同盟的有英国、法国和荷兰统治者，他们是反哈布斯堡阵营；支持天主教联盟的有帝国皇帝、罗马教皇及西班牙，他们是哈布斯堡阵营。其中，西班牙是“哈布斯堡大厦中最坚固的支柱之一”，始终站在帝国皇帝一边反对新教邦国以及背后的支持者——法国、英国等国。

帝国内部哈布斯堡王朝与遭受其民族压迫的波西米亚、匈牙利等国的尖锐矛盾，最终在1618年引发了新教同盟和天主教同盟之间的战争。交战之初，外部势力并未介入，而是处于观望的状态。随着战争的进行，交战双方为了自己的利益开始纷纷从国外寻求帮助，冲突逐渐国际化。法国决心利用三十年战争的有利时机，打击哈布斯堡王朝统治下的西班牙和奥地利，以此缓解对法国的压力。1625年，在法国首相黎塞留的倡议下，法国、英国、荷兰结成反对哈布斯堡王朝同盟，并对丹麦许诺金钱，鼓动丹麦与德意志北部的诸侯联合对神圣罗马帝国皇帝作战。丹麦也把这看作是向北德意志扩张、争夺波罗的海控制权以及德意志地区沿海港口的大好时机。但是丹麦两次入侵德意志北部地区都被帝国皇帝的军队所击败。1629年，丹麦被迫签订《吕贝克和约》，同意不再干涉德意志事务。丹麦战败后，法国又鼓动瑞典国王古斯塔夫二世参与战争。于是，在丹麦退出战争后，瑞典又迅速卷入，企图一举赶走直接威胁斯堪的纳维亚半岛的帝国在北德意志的军队。但在1635年的纳德林根会战中，神圣罗马帝国的军队再次获胜，并与信奉新教的萨克森选侯签定了《布拉格和约》。1637年，帝国皇帝斐迪南二世去世，这引起了法国的恐慌，担心以皇帝为首的天主教同盟与新教诸侯之间实现和解。欧洲各国尤其是法国不希望有一个内部安定的德意志。于是，在战争发生后的第17年，法国站在新教诸侯一边加入战争。至此，神圣罗马帝国已彻底沦为外国势力博弈的战场。外国势力的干涉使得德意志问题更加错综复杂，德国内部的矛盾扩大为国际间的冲突，宗教的矛盾演变为各国君主争夺权利、开疆扩土的冲突。

直到1648年10月，神圣罗马帝国的军队最终承认失败，这场由帝国内部冲突演变成的一场全欧战争才宣告结束。战争各方签订了《威斯特伐利亚和约》，内容主要涉及三个方面。一是关于欧洲领土的分割：阿尔萨斯（斯特拉斯堡除外）以及麦茨、凡登等三个主教区归属法国；瑞典获得了波美拉尼亚的一些地区以及它梦寐以求的波罗的海出海口，另外还得到了两个主教辖区和5000塔勒的赔款；荷兰与瑞士获得完整的主权，摆脱神圣罗马帝国和西班牙而真正独立。二是有关德意志国家的规定：每一个德意志诸侯国都享有主权，可以单独宣战与媾和；德意志境内的勃兰登堡、萨克森、巴伐利亚等几个大诸侯都扩大了领地；法国、瑞典通过领土扩张可以在任何时候干涉德意志事务；德意志的选侯、邦君和各邦享有此和约所确认的宗教的、政治的权利。三是宗教关系的定位：规定路德教、加尔文教同天主教享有平等的地位和权利。但是在神圣罗马帝国内，除天主教、路德教、加尔文教以外，不接受亦不允许其他教派的存在。

从《威斯特伐利亚和约》的内容可以看出，法国的国家利益得到了充分满足：获得了帝国境内以及周边的一些战略要地，使天然疆界的要求在一定程度上变成了现实。同时还暂时消除了来自中欧在地缘政治上的威胁，形成了压制德意志的有利局面，这也奠定了直到17世纪中叶法国的欧洲霸主地位。瑞典是三十年战争的另一个赢家：通过扩大的领土，瑞典控制了波罗的海和北海的重要港口，限制了竞争对手德国，为本国发展创造了有利条件。瑞典在战后开始主导北欧事务，在北欧的霸主地位一直持续到北方大战。英国趁欧洲战争之乱，经过1640年的资产阶级革命，经济实力迅速增强，海外扩张同时开始，成为海上霸权的争夺者，同时开启利用均势稳定欧洲大陆、干预欧洲事务的政策。

德意志神圣罗马帝国是三十年战争的策源地，也是主战场，更是最大的受害者。战争期间国家遍地焦土，田地荒芜，工商业衰落，民不聊生。帝国经济受到重创。战后，德意志北部三条主要河流（威悉河、易北河和奥得河）的出海口被瑞典控制，限制了德国的发展；政治上皇权严重削弱，皇帝仅仅是帝国境内名义上的最高统治者，诸侯的力量得到增强，不仅每个邦国获得主权，勃兰登堡、萨克森、巴伐利亚等几个大诸侯邦还扩大了领地，政治分裂局面继续维持并巩固下来，德意志统一暂时成为不可能。条约中还承认法国和瑞典有权参加帝国议会，这意味着赋予两国干涉德意志内部事务的合法权利，从此德意志问题国际化。整个德意志地区成为外国势力、诸侯以及皇帝博弈的平台。阿尔萨斯和洛林给法国人提供了在神圣罗马帝国周边保障安全的前进基地，但也为日后的德法冲突埋下了隐患。此外，奥地利走向衰败，西班牙受到致命的削弱，逐步沦为欧洲二三流国家。

五、从王朝战争到“大陆政策”

德国居于欧洲中心的地理位置，使得它不可避免地成为国际政治的“矛盾集散地”，从16世纪以来，就“不断卷入战争，而这些战争又都是在它的国土上进行的”。17世纪中期三十年战争结束后，德意志的地缘政治环境更加恶化。周边的俄国、法国、瑞典、英国、荷兰等纷纷崛起，而受到严重削弱的德意志夹在列强中间，经济上遭受重创，政治上分裂加深，帝国皇帝的权力有名无实，保留的帝国议会也不起实际作用。形势表明，由皇帝来统一德意志国家的希望已经是彻底化为泡影。但与此同时，在帝国内部的诸侯国、主教领地和自由城市等各种割据势力中，勃兰登堡开始兴盛，这为以后掌握德意志命运的普鲁士王国奠定了基石。此外，奥地利虽然衰落，但保持了国家的完整性，免于进一步“被肢解”。由此，奥地利哈布斯堡王朝和勃兰登堡—普鲁士邦逐渐成为德意志境内两股重要势力，在欧洲同样发挥着不可忽视的作用。

19世纪上半叶，德国的统一问题开始提上日程。普鲁士王国的首相俾斯麦分析当时的形势特别是欧洲列强之间的关系，认为德意志统一可能面临的两大障碍：一是内部奥地利的阻挠，二是国际上敌对势力尤其是法国的反对。奥地利意欲由它来统一德意志，把普鲁士变为自己的一个省；而法国认为德意志分裂符合其利益，统一的德国将严重威胁法国在欧洲的霸主地位。至于其他国家，俾斯麦分析：英国孤悬海外，只要不触动欧陆均势，不会轻易插手，它甚至还可能希望出现一个德意志大国与法、俄相抗衡，因此英国是可能争取的对象；俄国在欧洲处于孤立状态，普鲁士是它唯一的朋友，克里米亚战争中只有普鲁士与它站在一边，俄国不会愚蠢到得罪在欧洲的最后一个“朋友”。所以，法奥两国成为整个对外战略的主要着力点，俾斯麦要做的就是如何克服奥地利和法国的阻挠，实现统一。

围绕德意志北部石勒苏益格和荷尔斯泰因两个公国的争夺，德国的统一问题拉开了序幕。根据 1852 年的《伦敦议定书》，这两个公国属于德意志邦联。但 1863 年末，丹麦通过新宪法吞并了两个公国。这就给了俾斯麦一个机会，围绕两公国问题的外交策略由此展开。俾斯麦先是以维护 1852 年《伦敦议定书》为名，联合奥地利共同实施干预。当然，与奥地利合作乃是权宜之计，俾斯麦“为的是在后来又和奥地利成为不共戴天的仇敌”,[①] 也就是利用两公国问题为日后将奥地利逐出德意志埋下伏笔。但俾斯麦知道沙俄一贯反对普鲁士染指北海和波罗的海，所以如何在接下来与丹麦的战争中避免两线作战的困境，就需要争取东面俄国的中立和友好。1863 年波兰的反俄民族起义，给了俾斯麦一个交易示好的机会，恩格斯说他是以“做戏似的夸张的姿态”站在俄国一边，协助俄国镇压了波兰起义。当然，普鲁士向西发展，也可以间接打击英法，一定程度上改变克里米亚战争以来俄国地缘政治处境

① ［德］奥托·冯·俾斯麦：《思考与回忆（第二卷）》，东方出版社 1985 年版，第 11 页。

恶化的状况。也就是说，它本身也符合俄国的利益。于是，俄国做出了绝不出兵攻击普鲁士的保证，普鲁士则取得了获得胜利的最重要外交条件。其他欧洲国家对于丹麦先行破坏国际规约已经感到非常不满，普奥师出有名，其他列强也没有干涉的口实，丹麦在外交上被俾斯麦彻底孤立。1864 年初，普鲁士联合奥地利向丹麦开战，果然没有大国干涉，丹麦很快战败。战后普奥两国瓜分了北部两个公国，普鲁士得到了石勒苏益格，奥地利得到了另一小公国荷尔斯泰因。自此，奥地利在普鲁士北方拥有了一块领土，这显然便于今后在普奥之间制造争端，从而为对奥作战提供机会。

奥地利是俾斯麦眼中的关键对手，打败丹麦后，俾斯麦调转枪口，对准了奥地利。普奥战争是王朝统一战争的关键一环，俾斯麦清楚地认识到，当时英国对德国统一的态度比较温和，普鲁士在欧陆尤其是在巴尔干问题上与英国尚无利害冲突，相反，强大统一的德国却是维持欧陆均势的一个砝码。所以，对普奥较量有决定性影响的是俄法两国的态度。而俄国同奥地利在中东和巴尔干问题上存在矛盾，此前的克里米亚战争中奥地利曾对俄国落井下石，并且俄国“对这一点始终没有忘怀”，加之俄普关系一直友好，俄国自身也面临各种困境无暇他顾。俾斯麦分析俄国不会干涉德意志内部事务，将在俾斯麦发动战争时保持中立。所以，最关键的就是法国的态度。在法国方面，为争取其在未来普奥冲突中保持中立，俾斯麦通过几次会面达成了交易，他向拿破仑三世做出口头承诺：同意法国取得莱茵兹；用 1814 年的边界代替 1815 年的边界；法国有权在卢森堡驻兵。以此换取了法国在战争中持消极观望的态度。稳住法国之后，俾斯麦利用奥地利与意大利关于威尼斯的矛盾，同意大利缔结同盟条约，使奥地利背腹受敌，不得不南北两面同时作战。至此，奥地利已经被绝对孤立。

在普鲁士的一再挑衅下，普奥战争于 1866 年 6 月 14 日爆发。俾斯麦深知法国是不可靠的（法国与奥地利签有密约），决定速战速决，迅速击败奥地利而让法国无机可乘。7 月 3 日，普军在萨多瓦战役中大败奥军，随后逼近维也纳。8 月 23 日，普奥双方达成协议：奥地利宣布退出德意志，并将四个邦国和一个自由市让归普鲁士。普鲁士统一了德国整个北部和中部地区，建立起了一个北德意志联邦，德意志统一迈出了最重要的一步。事后俾斯麦解释自己对奥地利的宽容："我有一项吃力不讨好的工作要做：向沸腾的葡萄酒中注水，使大家明白生活在欧洲的不只是我们自己，而且还有三个憎恨、忌妒我们的强国。"[①] 俾斯麦深谋远虑的宽宏大量，保留了与奥地利和好的可能性，从而为之后普法战争中争取奥地利中立预设了条件。

普奥战争后，德意志还有南部紧邻法国的巴伐利亚、巴登等四个邦国仍旧保持着独立。俾斯麦想兼并这四个邦国，但他知道，不打败强大的法国，德国的统一将不可能实现。而法国并不希望其邻居德意志因统一而强大。但普法战争开始以前，欧洲外交局势对普鲁士更为有利。英法在苏伊士运河问题上的矛盾尖锐；奥地利还没有从 1866

① ［美］艾伦·帕麦尔：《俾斯麦传记》，商务印书馆 1982 年版，第 147 页。

年的战争惊恐中恢复过来，而且奥匈帝国刚刚成立急需巩固；意大利因为拿破仑三世不愿放弃对罗马教权的保护，并且法军于1867年11月在蒙塔那击溃了占领罗马的志愿军，导致法意关系紧张。由此，大陆四强中俄国的态度是关键。因为俄国反对普鲁士再次兼并，沙皇亚历山大二世游历南部德国的时候，曾经表示不容普鲁士再次侵犯。俾斯麦为争取俄国的支持采取“媚俄外交”。在黑海海峡问题上诱惑俄国，表示支持俄国修改关于黑海非军事化的《巴黎条约》，改变克里米亚战争以来英法强加给战败的俄国的限制。1868年3月，俄国与普鲁士签订了一项秘密协定：一旦普法开战，俄国陈兵奥地利边境以牵制奥地利，防止奥法结盟；普鲁士则同意公开支持俄国废除黑海中立条约，保证波斯尼亚和黑塞哥维那不为奥地利所有。至此，俾斯麦已经“可以断定，俄国是不会参加法国那一边”了。争取到一个世界大国也是普鲁士近邻的俄国，这可以说是俾斯麦最大的成功，这成为普鲁士上升为第二帝国的梯子。

普奥战争结束后，法国向俾斯麦提出战前他向拿破仑三世所做的口头承诺，但俾斯麦拒绝了法国的要求，法国以背信弃义不履行承诺为由向普鲁士发出威胁。为了争取国际舆论，俾斯麦公布了法国的要求，国际上纷纷谴责法国对比利时、卢森堡的领土野心，法国在政治上陷于孤立。沙皇俄国对法国强加于普鲁士的要求非常不满，俄国首相戈尔恰科夫向俾斯麦保证：“普鲁士不用担心俄国会在外交上或军事上进行干涉。”英国对普鲁士的支持态度也是很明朗的。在完成对法国的外交孤立后，西班牙王位继承问题的出现，成为俾斯麦推动普法冲突的合适机会。1870年7月19日，埃姆斯电报①引起法国主动宣战，普法战争正式开始。之后不久，奥地利、意大利先后宣布中立。这样，欧洲大陆列强已经完全倾向于普鲁士。9月2日，普军在色当战役中取得对法国的决定性胜利，至此，统一南德的障碍清除。年底，普鲁士兼并了南德四邦，德国统一的任务完成。随后，俾斯麦驱兵直入巴黎。1871年1月18日在凡尔赛宫宣告了德意志第二帝国建立。

通过三次王朝战争，德意志结束了长期分裂的局面，建立德意志第二帝国。德国统一改写了欧洲格局，一改以前中欧凹陷、边缘凸起的局势，“自黎塞留时代近代民族国家兴起后，欧洲边缘地区的强国包括英、法、俄，一直对中欧施加压力，现在中欧首次拥有足够的实力可对边缘地区施压”。② 但从地缘形势分析，统一后德国的安全环境更为脆弱危险：地处欧洲东西南北之交，大部分地区为平原地带，无险可守，四周缺少防卫屏障。虽有系列小国为邻，然而也有数个强邻，接壤的是法国、奥匈帝国和俄国，还有不接壤而接水的英国。可谓强邻环伺。人文环境中还有一个宿敌——法国。俾斯麦对德国客观环境的局限性深有感慨：“德意志帝国处于中心和无屏障的地理位置，

---

① 1870年普鲁士与法国在西班牙王位继承问题上发生争执。7月13日，法国大使奉命到德国西部威廉一世的修养地埃姆斯，要求普王保证将来任何时候都不同意霍亨索伦家族成员为西班牙王位候选人。普王表示拒绝并将此事电告首相俾斯麦。俾斯麦趁机篡改电文内容使之具有挑衅的口吻并予以公开。感到受辱的拿破仑三世于19日对普宣战。

② 邢来顺：《论俾斯麦在统一德国过程中的外交策略》，《华中师范大学学报（哲社版）》1994年第6期。

国防线伸向四面八方，反德联盟很容易形成。”[1]“我们位于欧洲中部，至少有三条会遭到进攻的路线……地理位置使我们比任何别的民族更容易遭到联合起来对付我们的危险。”[2]从整个欧洲的形势来说，德国崛起打破了旧格局。曾经的欧洲强国奥地利沦为二流国家，法国在欧洲的优越地位也画上休止符，原有力量格局彻底改变，欧洲大陆均势发生倾斜，邻国惶恐不安。俄国和英国对德国的崛起也忧心忡忡。“欧洲的每个国家，在某种程度上甚至持孤立主义态度的英国人，都感到了这个新巨人的影响。”[3]可见，统一给德国带来了始料不及的消极的制约性后果，德国一开始就处在了列强猜忌的氛围之中，这就“包含着欧洲结成同盟反对德意志帝国的萌芽”。

从地理状况延及德国国际处境，都指明了德国外交的方向，就是防止基于地缘政治的各种同盟包围的发生。俾斯麦说，“无论如何我们在将来需要的也不仅仅是作战的军备，而且还需要有正确的政治眼光以便使德国这条航船通过种种同盟的激流；我根据我们的地理位置和我们过去的历史（确信）我们会遇到这种种激流”。[4]他认识到德国的胜利已达到欧洲列强所能容忍的极限，继续在欧洲大陆扩张必将使德国重蹈拿破仑的覆辙，不会给德国带来益

---

① ［德］奥托·冯·俾斯麦：《思考与回忆（第二卷）》，东方出版社1985年版，第205页。

② ［德］奥托·冯·俾斯麦：《思考与回忆（第三卷）》，东方出版社1985年版，第220页。

③ ［美］保罗·肯尼迪：《大国的兴衰》，求实出版社1988年版，第228页。

④ ［德］奥托·冯·俾斯麦：《思考与回忆（第二卷）》，东方出版社1985年版，第203页。

处，反而会毁坏德国已经取得的胜利成果。整个形势表明，德意志帝国的安全能否得到维护，强国地位能否得到巩固，取决于国际秩序的稳定与否，而国际秩序能否稳定在当时来讲，“很大程度上取决于德意志自己的行动”。俾斯麦清醒地意识到，为把统一局面稳定下来而不过分刺激欧洲列强，以“保住已获得的东西”，在国际交往方面就必须实行自我约束，尽量不给他国敌视自己的理由。

为了安抚感到不安的欧洲列强，俾斯麦有意缩减德国的利益范畴，多次声称新生的德意志帝国是“满足”国家，无需得到更多。在各国普遍关切的问题上表明自己毫无利益干系，避免在敏感类问题上同其他国家迎头相撞。俾斯麦摆出这种“高风亮节”的姿态虽然不能完全打消各国对德国的警惕，但是至少可以让欧洲强国亮出虎牙的“血盆大口”稍微闭一下，缓解因为德国的出现所造成的紧张局势。在自己尽量避免卷入欧洲政治漩涡的前提下，俾斯麦还尽可能把列强的注意力引向彼此，特别是引向远离欧洲的外围地区。

人们通常把俾斯麦这一时期推行的政策称为“大陆政策”，其内容归结起来主要为：压制、孤立法国，防止其复仇，以确保德国的安全；针对欧洲列强，包括法国、英国、俄国、奥地利等国的不同情况和突出矛盾采取不同策略，建立以德国为中心的大陆同盟体系；以欧洲大陆为战略重点，不纠结于外围利益，在殖民地问题上持谨慎态度。可见，实施“大陆政策”的目的在于，通过一系列结盟措施维护德国在欧洲大陆已获得的优势地位，缓解和消除他国对德国的疑惧，遏制反德联盟的产生，以争取尽可能广阔的活动空间，稳步地谋求进一步发展。其核心是防备因为恐惧和嫉妒加上仇恨而出现强邻的包围性联盟。

首先是防止法国与他国结盟和孤立法国。在俾斯麦主政的28年中，他始终将法国锁定为德意志的头号敌人。德意志帝国建立后，俾斯麦依然将法国视为德国的头号敌人。因为普法战争和之后的《法兰克福和约》，使法国丧失了阿尔萨斯—洛林地区、付出了50亿法郎的赔款并忍受极大屈辱，这激起了整个法国的愤怒，法德之间已没有和解余地，法国将成为德国任何敌人的潜在盟友。而俾斯麦认识到，德国又根本不可能使法国完全屈服或彻底被击溃，使之不能东山再起。因为这显然为国际社会所不容：一是一贯奉行欧洲大陆均势政策的英国不能接受，二是德国的东邻俄国也不愿冒单独面对强大德国的风险。所以俾斯麦说："我们绝不应该幻想我们能够破灭这一民族，……我们常常视它为一个可怕的邻居。"德国能做的只是把一切可能成为法国盟友的国家联合在德国周围，全力阻止以法国为中心的反德联盟的形成，避免遭致欧洲列强联合打压的可能性。只要法国孤立无援，仅凭自己的力量显然无法击败德国。如俾斯麦所说："防止法国——假如它不愿我们保持和平的话——找到盟友，只要法国没有盟友，法国对我们就没有危险。"因为法国绝无可能单独对德国发动一场复仇战争。这后一种办法既不会触怒国际社会，又能防止法国复仇，保证德国的安全，因而成为俾斯麦时期德国的基本外交路线。俾斯麦缔结的条约，几乎每一个都具有明显的反法目的。他通过着力打造大范围的结盟体系，实现了对法国的绝对孤立，使法国在欧洲大陆上再也找不到反德盟友。

其次是利用均势外交构建复杂的同盟体系，不纠结于外围利益。英国、俄国、奥地利、德国、法国五大国决定了欧洲当时的格局。英国正处于工业高涨时期，凭借强大的经济和政治实力在对外政策上奉行“光辉孤立”政策。一方面以强大的海军为后盾在殖民地和远东国家进行经济渗透，专心经营自己的殖民帝国；另一方面在欧洲大陆事务上，不愿承担联盟义务，避免卷入一切严重纠纷。英国关心的只是欧洲大陆均势能否保持，自己的力量也只是用来防止任何强国在欧洲大陆取得优势地位。德国统一前的欧洲大陆一直是法强德弱，所以英法一向有矛盾而英德之间一直相安无事。德国统一后，俾斯麦意识到德国实力依然远未达到可以挑战英国作为世界超级大国的地步，德国更需要的是一个稳定和平的外部环境，以保证德国自由市场经济的不断发展、国力的和平崛起。俾斯麦制定的“大陆政策”，在殖民问题上小心谨慎，表示他当时不想引起正在全球争霸的世界强国英国的警惕，更不想损害英德关系。英国虽然不喜欢见到一个可能打破欧洲长期均势的统一的德国，但仍然可以同德国保持良好关系，原因是希望这个新出现的德国成为俄国的对手，以牵制俄国同英国在亚洲地区的争夺。这无疑给德国提供了夹缝中发展的契机。但由于英国的存在，再加上欧洲大陆各国之间不可避免的相互牵制，使得“欧洲大陆均势”成为俾斯麦长期不敢打破的战略底线。

俄国在俾斯麦整个战略布局中具有重要地位，对俄政策是俾斯麦外交实践的核心环节。因为如果法国对德国发动战争，其能够依靠的只有俄国，并且也只有俄国参加的战争，才能够让德国感受到实质上的威胁。因此俾斯麦必须要避免法俄联盟的“噩梦”，否则德国将被迫进行两线作战。可见，孤立法国的关键是俄国。但联合俄国的政策绝非俾斯麦的临时策略，或者仅仅为了防备法国，俾斯麦是从更高的国际关系格局来看待欧洲大陆的，在他心里一直隐藏着一个潜在的也是更大的竞争对手，那就是英国。在俾斯麦的外交系统中，俄国既是压制法国又是牵制英国的不可或缺的部分。所以，对俄关系实际是俾斯麦基于德国的地缘政治困境和普鲁士的外交历史经验，以及对德国安全和发展的考虑而产生的长期战略。奥地利在普奥战争中恢复过来后，对普鲁士的强大表示了默认。德意志帝国成立之后，被排除在外的奥地利以奥匈帝国的身份重新跻身于欧洲大国行列。它在巴尔干地区的扩张企图遇到俄国这一强大对手。所以它一面寻求英国帮助，一面还要依靠德国的支持。

为了防止他国结成反德同盟，德国就要选择适当的国家与之结盟。俾斯麦曾说，在五个人的竞赛中，最理想的当然是站在多于三个人那一边。在这五大国中，俾斯麦企望在政治上出现的形势是：除了法国以外，各国都需要德国。所以他奉行联奥、友俄、拉英、反法的政策，也就是除法国之外，俾斯麦与其他三国都尽可能保持良好的关系。因为英国奉行“光辉孤立”政策，德国需要结盟的对象就只有俄奥两国。尽管俄奥两国之间存在着重重矛盾，俾斯麦也必须实施三国的联盟计划。在俾斯麦的努力下，1873 年德奥俄三国基于共同的正统观念缔结了《三皇同盟条约》。俾斯麦的目的是以一个联合起来的欧洲来包围一个不稳定的法兰西共和国，使其成为“孤岛”。所以，三皇同盟的成立对俾斯麦来说是孤立法国的重要胜利，但实际的情况远为复杂。奥匈帝国与俄国在巴尔干地区的矛盾没有消除，使得这个同盟关系并不牢固。尽管俾斯麦尽一切可能在俄奥之间摆出不偏不倚的姿态，但是一旦俄奥关系不可调和，俾斯麦就只能做出倾向于奥地利的表态。因为从德国的角度来看，德奥关系显然优先于德俄关系。因为奥匈帝国是一个相对稳定的盟友，俄国则是个不确定的伙伴，它始终对德国充满猜忌和顾虑。1878 年 9 月，俄国政府向德国方面提出了一旦俄奥开战，德国能否中立的问题。俾斯麦的回答是：德国既不允许俄国的武器因欧洲联合而失灵，也不能容忍奥匈帝国作为欧洲均势因素受到削弱和消失。在 1878 年关于近东问题的柏林会议上，俾斯麦在“诚实的掮客”幌子下，背地里压制俄国的利益，做出种种有利于奥匈帝国的表示。沙皇亚历山大二世甚为不满，将柏林会议称为“俾斯麦领导下的欧洲反俄联盟”。至此，三皇同盟已是名存实亡，以王朝友谊打造出来的《三皇同盟条约》变成了废纸一张。

在德俄奥三皇同盟已实际瓦解之后，俾斯麦对俄国的敌意做了最坏的打算。一方面为有可能成为现实的法俄两线进攻进行了军事调整，另一方面将德奥同盟关系正式化，于 1879 年签署了针对俄国的《德奥同盟条约》。德奥双边结盟让俄国认识到了自己的危险处境，这迫使俄国 1881 年 6 月又重新加入三皇同盟。为了稳固摇摇欲坠的三边关系，俾斯麦需要找一些额外的保障。《德奥同盟条约》

于是成为俾斯麦构建以柏林为中心的同盟体系的第一环。此后，俾斯麦开始了旋风式的订约结盟外交活动。1882年他又利用意大利与法国在北非问题上的冲突拉拢意大利加入德奥同盟，形成“三国同盟”。意大利虽不能与其他大国相比，但成为势力角逐的一方，俾斯麦仍然把它当作自己的伙伴。1883年9月，《奥罗同盟条约》签订，德国于条约签订的同一天加入。这样，罗马尼亚与德国、奥匈帝国又组成一个三国同盟。至此，奥匈帝国、俄国、意大利、罗马尼亚四国都被拉入了俾斯麦精心设计的所谓“和平同盟”体系。俾斯麦通过高超的外交手段，建立起了以德国为中心的德奥俄、德奥意、德奥罗三大同盟体系。这三大同盟体系里唯独不见欧洲大陆五强中的法国，显然这是俾斯麦有意为之的结果。到这时为止，法国不折不扣地陷入了俾斯麦精心编织的“绝对孤立”的境地。俾斯麦操控着相抵触的几个同盟，并设法在灵活的运作过程中抵消固有的矛盾，成功维持了俄奥两个敌对盟国对德国的向心力，从而保持了德国外交的弹性。他凭借这一繁复的联盟体系，既维持了欧洲的均势，又最大限度地孤立了法国，防止了反德同盟的出现。①

为了坚定俄国的立场，俾斯麦对俄采取了既拉又打的两面策略。他一方面强调维护德俄两国传统的王朝友谊，支持俄国在巴尔干地区的扩张；另一方面又利用英国、奥匈帝国和意大利关于维护东方和地中海现状的诉求，对俄国的扩张势头进行压制。其具体作法是同英国示好，挑起

① ［美］亨利·基辛格：《大外交》，海南出版社1998年版，第119页。

英俄两国在巴尔干和黑海海峡问题上的冲突，借英国的力量迫使俄国就范。1887年6月，俾斯麦先和俄国签订了双边的《再保险条约》，承认俄国在保加利亚和东鲁米利亚占有绝对优势的合法性，当沙皇认为有必要负责保卫黑海入口以维护帝国的咽喉要道时，德国有义务在道义上和外交上给予协助。但俾斯麦同俄国谈判《再保险条约》的同时，授意盟国意大利、奥匈帝国同英国达成旨在维持地中海和奥斯曼帝国现状的《地中海协议》，以威慑俄国。这样，俄国就无法在保加利亚或黑海海峡采取行动来要求俾斯麦兑现承诺，却有助于迫使陷入孤立的俄国努力维持与德国的关系现状。

俾斯麦“大陆政策”的实施取得了有目共睹的成效。它将欧洲的所有强国囊括在了以柏林为中心的联盟体系之中，有效地压制了法国的复仇之心。俾斯麦构建的联盟体系看似高度复杂，五大国中的法德矛盾、俄奥矛盾、英俄矛盾、德俄矛盾相互交织，但究其实质，核心是德俄关系，基础是德奥关系。一方面，如何保持德俄友好、避免法俄结盟，是俾斯麦一切结盟活动的出发点。俾斯麦的策略就是利用矛盾制约、缓和矛盾。另一方面，奥匈帝国是最早与德国签订盟约的，也是除德国以外另一个在三大同盟体系中都签订了条约的国家。非常明显，俾斯麦是将奥匈帝国作为其复杂同盟体系实施成功的关键环节。此外，俾斯麦拒绝卷入大国间的纷争，严格地充当调解人、“诚实的掮客”（至少在表面上）。通过这样的方式，他使德国成为各国都需要争取、依靠的对象，而德国俨然成为大国间的仲裁者，柏林也成为新的国际交往中心。

德国的崛起在一定程度上已经超出了欧洲政治容量。俾斯麦清醒地看到了统一后德国劣势的一面：当时的德国无论工业发展水平、经济实力还是军事实力都无法与世界头号工业强国英国抗衡，而且整个欧洲国际关系格局也不允许德国将争霸目标转向欧洲大陆以外的世界。俾斯麦根据欧洲形势和德国情况，制定了温和的“大陆政策”，实行自制策略。他把地缘政治思想当作国家参与国际政治、制定一切具体战略和策略的根本原则，用花哨复杂的体系条约，防止了包围德国同盟的产生。应该说，这是一种难能可贵的政治智慧。它不仅保证了德国的安全环境和国际地位的提高，也对这一段历史时期内欧洲局势的总体稳定起到了促进作用。

第五章　意大利

一、罗马的崛起与扩张

意大利的大部分国土位于欧洲南部的亚平宁半岛。从地图上看，意大利就像插入地中海的一枚楔子。亚平宁半岛是地中海三大半岛的中间一个，形状狭长。半岛三面环海，海岸线超过4000公里，如果包括岛屿，则有8000多公里。所以，意大利海岸线漫长，有着作为一个岛屿的天然优势。但同时，意大利领土又明显是欧洲陆地的一部分，其北部的波河大平原径直深入欧洲的心脏地带。意大利最北的城市比瑞士日内瓦和法国南部的里昂纬度还高，即便是威尼斯和米兰也比法国西南部著名港口波尔多的纬度要高，亚平宁半岛上的佛罗伦萨几乎和法国南部最大海港马赛处于同一纬线上。欧陆—地中海国家的两栖身份意味着双重潜力，能扮演双重角色。居于地中海中部，占据三大洲要冲，有条件成为控制地中海的海上霸国；深入内陆，则有可能成为征服大陆欧洲的内陆强权。这也是成就罗马帝国的地缘优势。

罗马崛起前的意大利，生活着诸多民族。早在公元前1世纪，半岛中部的拉丁平原已散居了许多以农牧业为生的意大利部落，其中一支称拉丁人，而罗马人又是拉丁各族中的一支。除了意大利人，拉丁平原北部的托斯坎尼平原，生活着伊特鲁里亚人，他们与拉丁人不同，不属于印欧语系。他们在强盛时曾向北占领波河流域，向南在拉丁平原、坎佩尼亚、科西嘉岛、撒丁岛都建有殖民地，创造了独特的伊特鲁里亚文化。地中海东部的希腊人在公元前8世纪开始向外殖民，半岛南部的东边和西边沿海、西西里岛的东南沿海，都是希腊人的势力范围。此外，欧洲大陆的高卢人于公元前7世纪，越过阿尔卑斯山进入北意大利，逐步占领了波河流域的大片平原，此地后来被罗马人称为山南高卢。

公元前6世纪初的罗马城，领土只有800平方公里左右，是拉丁平原北半部几十个拉丁城中的一个。但罗马的地理位置十分优越，居拉丁平原北端、台伯河下游南岸，是当时意大利许多天然通道的聚合点。而且，罗马与海洋的距离不超过160公里，既可以让当时的大型船只由海上直抵城中，又可以与肆虐海岸的海盗保持距离。此外，罗马还控制着山海之间的军事要道，能有效防御来自南北两方的敌人。但罗马建城初期，由于力量弱小处境十分艰难。东部和南部的山地部落经常入侵骚扰，邻近的拉丁城市也与罗马时有纷争。特别是位于罗马北部强大的伊特鲁里亚人，一直对罗马构成了极大的威胁。为了生存和发展，罗马同四周的各邦国进行了一系列的战争。

首先就是北方的宿敌伊特鲁里亚人。从公元前5世纪中后期至公元前4世纪初期，通过三次战争，罗马彻底铲除了伊特鲁里亚人势力，而且成功地阻挡了高卢人南下的入侵。这一系列成功对一些充满敌意的拉丁城市也起到了强大的震慑作用，从而确立了罗马人在北方的统治地位。接着，罗马与半岛中部、南部地区最强大的萨莫奈人又进行了三次萨莫奈战争（公元前343—前290年），最终迫使萨莫奈人与罗马结盟。此后，罗马又发动了对萨宾人的战争，战败的萨宾人也被迫臣服于罗马。此时，罗马人的势力扩展到意大利半岛的北部与中部地区。从公元前281年开始，罗马的扩张矛头指向了南意大利的希腊殖民城邦。至公元前3世纪中期，罗马打败了南部最重要的城市他林顿。他林顿战争胜利后，其他意大利南部城市都相继臣服罗马。至此，在两个半世纪内，罗马人通过不断的对外征战和扩张，成为了除波河流域①外整个意大利半岛的霸主。

罗马对于意大利半岛上被征服的其他城市、地区和部落，主要是通过与它们分别签约建立起“同盟”关系。盟约一般规定：同盟城市可以保留部分自治权、原有的语言、法律和宗教信仰。罗马不对同盟城市征税，但同盟城市必须在罗马需要时提供“军事援助”。同盟军队不加入罗马军团，所需给养和装备均由同盟城市自己解决，但军队的指挥权要掌握在罗马将军手中。同盟城市有权参与罗马的战利品分配，但多少由罗马掌握。如果某个同盟城市试图中断与罗马的盟约或有反罗马的行为，将遭到罗马人

① 公元前1世纪末，意大利半岛北部的高卢人也全部被征服，波河流域并入帝国版图。

的残酷镇压。为防止同盟城市联合起来，罗马人坚决制止它们彼此之间再成为同盟。

当罗马统一意大利半岛，崛起为西地中海地区的陆上强国后，遇到了一个强劲的对手。在地中海的北非沿岸，今突尼斯东北部的一个海湾内，有一个强大的国家——迦太基。早在公元前7世纪，迦太基人已经统辖了北非沿岸的一部分、西班牙的南部以及西西里岛、科西嘉岛、撒丁岛和巴利阿利群岛，他们在地中海沿岸各地做生意，垄断了整个西地中海的商业和航运业。随着罗马向地中海地区的扩张，为了争夺领土和制海权，一场海上霸权之争就不可避免地发生了。由于罗马人称迦太基人为“布匿人”，所以罗马与迦太基之间的战争又被称为“布匿战争”。

从客观上讲，海上强国迦太基虽然在经济上比较富裕，但政治制度先进性、军队素质和内部团结等方面都远不如罗马人。布匿战争共进行了三次。第一次发生在公元前264年至公元前241年，结果是迦太基惨败，西西里岛、科西嘉岛和撒丁岛相继落入罗马人手中，成为罗马的三个行省。但迦太基人不甘心失败，把西班牙作为经营反击的基地，积极准备再一次对罗马的战争。三年后，第二次布匿战争开始了。迦太基名将汉尼拔避开罗马人进攻北非和西班牙的主力，率领一支包括5万步兵、9千骑兵和许多战象的大军，强渡伊比利亚半岛东北部的埃布罗河，越过比利牛斯山，翻越人迹罕见的阿尔卑斯山，突入意大利本土。罗马军队措手不及，作战计划被完全打乱。在意大利中部的特拉西米诺湖畔，汉尼拔连战连捷，沉重打击了罗马。罗马人及时调整战略，采用拖延战术，不再与汉尼拔军队正面交锋。汉尼拔企图瓦解罗马同意大利各城邦之间的联盟，未能达到目的。此后，双方军事力量发生变化，罗马军队主攻方向转到西班牙。随着罗马军队在非洲登陆，汉尼拔被迫撤回迦太基本土迎敌。公元前202年，汉尼拔在迦太基西南的撒马城战败。第二年，迦太基被迫求和，第二次布匿战争结束。迦太基被迫放弃一切海外领地，只保留非洲本土，未经罗马允许不得与任何国家进行战争，迦太基变成了罗马的附属国。半个世纪后，迦太基从战争的创伤中恢复过来，又成为地中海沿岸的主要商业中心。罗马为防止迦太基东山再起，于公元前149年挑起了第三次战争。经过两年苦战，罗马人最终攻下了迦太基城，并将其夷为平地，将幸存者卖为奴隶。迦太基成为罗马的阿非利加行省。布匿战争结束后，西部地中海地区就基本为罗马控制了。

在布匿战争期间，罗马已经开始了向东部地中海的扩张。当时罗马在东部地中海的主要对手是马其顿王国、塞琉古王国。这两个曾经繁荣一时的希腊化王国，在经过一个多世纪的发展以后正在走向衰落。公元前215年至公元前168年，罗马与马其顿王国进行了三次战争，陆续占领了巴尔干的大部分地区。公元前149年后，这里成为罗马的马其顿行省。与此同时，罗马与塞琉古王国的战争也在进行。公元前189年，塞琉古战败，次年签订了和约。塞琉古王国放弃小亚地区的领地，赔款并交出舰队，不再涉足爱琴海，塞琉古王国也沦为罗马的附属国。至此，罗马的势力又扩张到了东地中海沿岸亚洲地区，一跃成为整个地中海世界的霸主。

在罗马向意大利半岛以外扩张的战争中，得到了意大利诸同盟对它的大力支持和援助。在汉尼拔战争期间，罗马之所以能够绝处逢生、免遭劫难并最后取得胜利，关键就是得到了意大利同盟的支援。东方战争开始后，同盟国对罗马的贡献越来越大。据统计，从公元前200年至公元前168年，同盟者每年向罗马提供8万—9万的辅助军队，其数量相当于罗马全部军队的2/3。[①] 更为重要的是，东方战争中罗马军队的粮食大多都来自行省和同盟者。所以，如果没有同盟者的无私奉献，罗马要在远离国土、粮食缺乏的希腊进行大规模的军团作战并取得辉煌胜利是不可能的。但同盟者却享受不到与罗马人一样的平等待遇。即使在罗马成为地中海世界的霸主之后，绝大多数的意大利人仍被排斥在“罗马公民权”以外。这就意味着他们无权分得公有地，无权参加公民大会，更不能担任各级官职，甚至要遭受罗马人的歧视和压迫。在以和平方式谋求公民权的努力失败之后，公元前90年，意大利全面爆发了同盟战争。几乎所有的意大利同盟者都参加了这次起义，罗马在意大利的统治受到了严重威胁。在武力镇压无济于事的情况下，罗马统治者被迫做出让步，将自己视为特权的“罗马公民权”向全体意大利人开放。到公元前88年，大部分起义地区恢复了罗马的统治，战争基本结束。

同盟战争表面上看是一场意大利半岛上的无权公民反对全权公民的战争，实际上却是意大利趋于统一、民主的

① 杨共乐：《罗马征服地中海世界的原因》，《历史教学》1998年第2期。

一个整合过程。[1] 尽管这一过程充满了腥风血雨，但对于战争的双方来说，任何一方都不能称为“绝对的胜利者”或“绝对的失败者”。战争使罗马被迫将一向引以为荣的公民权利向意大利开放，不能不说是罗马在统一意大利半岛的过程中做出的重大让步；而意大利同盟者用鲜血和生命换来的与罗马人的“平等”更是具有重大的历史意义。战争使原来各自为政、众多分立小国融合在一个以罗马为首的统一国家的范围之中，所有的意大利同盟者都成为这个国家的公民，所有的独立小国都成为这个国家下属的市、区。战争后，罗马人在一些尚未建立城市的地区推广城市化，而对那些原有的城市加强改造与建设，使这些城市在外观上和管理上都达到罗马的规范要求，加速了意大利半岛的城市化进程；在各城市、各地区间修建道路，加强国家统治中心的监控效力；长期以来意大利半岛上罗马人与意大利人之间的尖锐矛盾得以化解，有利于意大利半岛的安定与发展，也为罗马扮演地中海世界的统治者提供了安稳的后方和坚实的根据地。

意大利人全部都获得了罗马公民权，真正成为罗马公民。这促使整个意大利境内人民的思想感情、民族意识发生了根本的变化。[2] 意大利人逐渐将罗马当作自己的国家，将自己视作罗马国家的成员，他们承担公民的义务，参与国家的一切事务，政治、经济、文化方面逐渐与罗马一体

① 宫秀华:《意大利半岛的“罗马化”进程》,《东北师范大学学报(哲社版)》2002 年第 5 期。

② 宫秀华:《意大利半岛的“罗马化”进程》,《东北师范大学学报(哲社版)》2002 年第 5 期。

化。罗马人也逐渐将自己的民族意识开阔到整个意大利境内，他们大力普及罗马法和拉丁语，使昔日的翁布里亚语、伊特鲁里亚语和奥斯坎语等一些地方语言逐渐被人们遗忘，各地方言让位给统一的拉丁语，各地法律逐渐为罗马公法、私法替代。各地不同的文化体系日益融合于统一的意大利文化体系之中。

二、四分五裂的政治格局

意大利半岛三面环海，海岸线漫长，极易遭受攻击；北部边界的阿尔卑斯山平均海拔 3 千米，但长度仅为 600 公里，著名的山口有五六个，最低处只有 1000 多米，从南到北提供了相对容易进入的通道。而且，阿尔卑斯山的北坡平缓，朝向意大利的南坡却陡峭，这样北坡也方便成为入侵者的跳板。所以，当国家强大时可以整合海陆力量，如罗马帝国；但当国家衰弱时，开放的边境意味着会受到四面八方的侵略。

罗马帝国的统治在 3 世纪出现危机，帝国东部边境地区的日耳曼人开始向帝国境内渗透。4 世纪中期以后，日耳曼各族开始向帝国大举入侵。5 世纪末，西罗马帝国在奴隶起义和西哥特人入侵的联合打击下灭亡。之后，意大利外患接踵而至。先是东哥特人侵占意大利，建立了东哥特王国（493—553 年）。在半个世纪的时间里，大量东哥特人移居意大利。552 年，拜占廷皇帝查士丁尼率领帝国军队进军意大利，两年后结束了东哥特人的统治，把意大利并入了拜占庭帝国。哥特人退出意大利的历史舞台后，伦巴底人由匈牙利侵入意大利北部，建立了伦巴底王国（568—774年）。6世纪末，伦巴底人的一支军队深入半岛南方，一度控制了意大利领土的2/3。此时的拜占庭帝国仍控制着意大利的部分土地，但已逐步向东地中海地区龟缩。

8世纪中期，伦巴底人试图吞并教皇领地，拜占庭人此时已无力干预意大利政局，教皇于是向力量日益强大的法兰克人寻求援助。755年，法兰克王国宫相矮子丕平出兵意大利，打败伦巴底人并把罗马周围的地方交给教皇统治，史称"丕平献土"。矮子丕平去世后，他的儿子查理继续和伦巴底人作战。773—774年，法兰克人再次出兵意大利，灭亡了伦巴底王国，伦巴底人在意大利中北部的统治权也由法兰克人接管。意大利南部的领土依然由拜占庭帝国统治。查理成为伦巴底国王后，把罗马公国和拜占庭的拉文纳总督区正式赠予教皇，明确了教皇对意大利中部的拥有权，教皇国由此成立。作为回报，教皇亲自为查理加冕，史称查理大帝。

查理大帝去世以后，他的三个孙子在843年签订《凡尔登条约》，把帝国一分为三：长孙罗泰尔得到了意大利北部、中部和阿尔卑斯山北从地中海到北海的一条狭长地带，称中法兰克王国。法兰克人（卡洛林王朝）对意大利的统治维持到887年。此后一个多世纪中，意大利北部和中部诸侯为争夺意大利王冠混战不已。在此期间，阿拉伯人从北非渡海而来，侵占了西西里岛和南意大利，匈奴人的军队也多次南下进军劫掠意大利。10世纪中期，意大利的分裂与混乱激发了阿尔卑斯山以北德意志封建主的野心。从951年起，德意志国王奥托一世多次率军越过阿尔卑斯山入侵意大利。他先是占领伦巴底，夺得了意大利王冠，继而由教皇在罗马为其加冕，成为神圣罗马帝国皇帝（962年）。此后，意大利北部和中部被纳入神圣罗马帝国版图之内。

意大利南部地区自6世纪中叶起处于拜占庭统治之下。伦巴底人入侵后统治了南方大部分地区，但拜占庭人仍控制着西西里岛、那不勒斯附近地区以及半岛的最南端。南北两分格局维持了100多年。8世纪中期，法兰克人出兵意大利，消灭了伦巴底政权，但承认了拜占庭在意大利南部的领土主权。从9世纪开始，来自阿拉伯半岛和北非地区的阿拉伯人开始不断侵扰意大利南部地区。他们先是征服了西西里岛，并以此岛为战略基地骚扰意大利半岛和法国南部地区。这种状况一直持续到11世纪初北欧诺曼人的到来。

1015年，一批前来罗马朝圣的诺曼骑士在意大利定居下来，并作为雇佣兵到处征战。1059年，他们迫使教皇承认他们对所征服的意大利南部领土的统治合法化。1071年，诺曼人结束了拜占庭在意大利半岛长达500多年的统治，阿拉伯人也被他们赶出了西西里岛。1130年，诺曼人的西西里王国正式成立，领土包括西西里岛和那不勒斯地区。但诺曼人统治时间不长，1189年，诺曼王朝世系中断，此后王国多次易手。先是归于神圣罗马帝国的霍亨斯陶芬家族，1265年后又归于法国的安茹王朝，1282年以后又落入了西班牙的阿拉贡王国手中。

总之，从476年西罗马帝国灭亡起，政治上的统一在意大利就中断了。由于以蛮族为主的外族入侵者接连不断，而内部邦国众多、四分五裂，半岛始终处于内乱与外患交织中。实际上，在中世纪长达一千多年的时间里，从未存在过真正包括全部意大利领土的、可以称之为意大利国家的政治实体。意大利的历史就是一个个城邦、地方和区域的历史。从地域上看，大体分裂为北部的城市共和国、中部的教皇国和南部的那不勒斯封建王国。

三、城市国家的繁荣

意大利历史发展的一个特点就是城市发达。意大利的历史可以说就是城市发展的历史，这与意大利所处的地理位置有关。自罗马帝国时代，地中海就已经显现出其重要性，它沟通着欧洲、中东和非洲。距离地中海海岸越近，商业发展程度越高。而意大利位于地中海中部，占据三大洲要冲，得天独厚的地理优势赋予了意大利在商业上的优先和卓越地位。尤其南部的城市从地中海受益最大。而欧洲—地中海的双重身份，使其北部城市也可以通过陆路与欧洲大陆进行贸易往来。

蛮族入侵意大利后，罗马时代兴建的城市以及比较发达的商品货币关系遭到很大破坏，西欧社会一度陷入了严重的倒退。但由于意大利远离欧洲大陆，深入地中海内部，遭到的破坏比阿尔卑斯山以北国家要小得多，绝大多数城市得以幸存。据统计，9—10 世纪，在意大利 30 多万平方公里的领土上分布着几百个城市，这在欧洲其他国家是很少见的。而且罗马帝国灭亡后，意大利虽然不再是帝国的核心区域，但在整个欧洲大陆，相较于西北欧处于欧洲边缘和东西方贸易末端的地位，意大利商人仍处于东西方交流的前沿，意大利依然是东西方商道的交汇点，在西欧、拜占庭和东方伊斯兰世界之间居于中心位置。

地中海东部的拜占庭帝国在继罗马帝国之后成为新的欧洲经济中心。拜占庭的首都君士坦丁堡位于博斯普鲁斯海峡的欧洲一岸，扼制黑海到地中海的咽喉要道，控制着自中欧到印度洋、从多瑙河到两河流域的重要商路，握有对欧亚非三洲国际贸易的垄断权，是东地中海贸易活动的核心和灵魂。这里吸引着来自近东、小亚细亚、黑海及巴尔干地区的商人，也聚集了当时世界所能见到的所有各处的产品，地中海西部的经济生活在很大程度上也依赖于东部。拜占庭帝国的商业在9—10世纪达到繁荣高峰。意大利凭借与拜占庭帝国的地理便利和经济联系，受到了较好的保护，促进了城市的商业复兴。

地中海南岸的阿拉伯人在8世纪以后不断扩张，近东、非洲、伊比利亚半岛相继落入他们手中。9世纪，阿拉伯人开始侵入地中海地区。面对他们的入侵，威尼斯商人为代表的意大利商人率先意识到与阿拉伯人恢复商业往来的重要性。到9世纪末，意大利沿海城市商人与他们的商业关系已经异常活跃。威尼斯商人与这些地区签订了大量的商务条约，因此在阿拉伯人控制的市场上享有许多特权。同时，处于伊斯兰教统治之下的非洲大部分地区，也与意大利威尼斯、热那亚、西西里等沿海城市联系密切，商业活动十分频繁。

西北欧国家是地中海世界的“一个边缘区或者半边缘

区”，发展相对滞后。但11世纪以后，西欧社会开始出现持续的人口增长，整个社会对商业的需求也随之增加。西北欧地区的养羊业比较发达，出口羊毛是这些国家海外贸易的主要内容。意大利商人在伦敦、布鲁日、南安普顿等地建立了大量的商站。本地商人负责收购羊毛、呢绒、锡、铅以及地方特色产品，然后把货物运送到意大利商人的商船上。[①] 12世纪，法国的香槟集市是欧洲最大的商品交易中转站，但在那里占主导地位的是意大利商人，他们在香槟集市购买法国、英国等地的羊毛产品，然后运回国内进行精致加工，增加其精细度和价值后再次出售。佛罗伦萨和米兰是意大利主要的工业中心，威尼斯是对外贸易的最大港口，这些城市的工业品曾畅销欧洲市场。13世纪，威尼斯垄断了利凡特[②]贸易，“成为转运全部东方商品的综合仓库”。[③] 被转运东方商品的高额利润所吸引，南德城市纷纷向威尼斯靠拢，用毛皮换取东方商品。另外，南德也是威尼斯、米兰、佛罗伦萨等城市工业制成品的消费地。总之，以威尼斯为中心，大量的商业活动传播到意大利各城市和西欧内陆。正是意大利商人从地中海方向拉动了欧洲的商业复兴，而欧洲的商业复兴反过来又为意大利海外贸易的发展提供了广阔的市场。

凭借优越的地理位置而发展起来的意大利城市中最具有代表性的就是威尼斯。它位于亚得里亚海最北端。像天

① 孙燕：《近代早期英国海外贸易的兴起》，《史学集刊》2006年第5期。

② 泛指东地中海地区及其岛屿，在罗马帝国统治下曾是一个贸易非常繁盛的附属地区。

③ ［美］詹姆斯·汤普逊：《中世纪晚期欧洲经济社会史》，商务印书馆1992年版，第268页。

然运河般的亚得里亚海位于东西方的中间，又通过弯弯曲曲的地中海，使南欧海岸出现锯齿状。在亚得里亚海上，从外面深水来的潮水在海岸和沿达尔马提亚岸的一长串岛屿之间向北流，而后再折向南沿意大利海岸下流，又注入地中海。这一水流对向外和向内的船只都是有帮助的。从亚得里亚海到爱奥尼亚海，再到拜占庭各港口和亚历山大港区，威尼斯就是利用了有利的地理位置发展起了航海和贸易。在威尼斯的影响下，伦巴底也开始出现商业活动，并迅速从帕维亚扩展到附近的城市。意大利南部的城市发展也都得益于它们处于联系东方拜占庭帝国、亚历山大港和西欧这样重要的交通要道上。11 世纪中期以后，意大利所处的地理位置又为城市共和国的繁荣带来了两次大的机遇。

1082 年，来自北欧的诺曼人入侵拜占庭。为了获得威尼斯舰队在防御方面的帮助，拜占庭给予威尼斯商人少交海关税的特权，威尼斯商人只需缴纳 4% 的关税，而拜占廷人则需交纳 10% 。[①] 同时，威尼斯商人还享有“不付出售、购买或离境税的特权”,[②] 以及“对所居住区的任何民族的市民有司法权等”。这使得拜占廷商人在国际竞争中处于非常不利的地位。意大利商人则以西欧的武器、木材、粗布和奴隶等为主要产品，顺利打入拜占庭的传统商业势力范围。拜占庭传统的手工业作坊和产品完全被意大利人控制。在黑海地区，拜占庭为了制衡威尼斯人，又帮

① 陈志强：《拜占庭帝国史》，商务印书馆 2003 年版，第 470 页。

② 周一良、吴于廑：《世界通史资料选辑（中古部分）》，商务印书馆 1974 年版，第 159 页。

助热那亚人获得了黑海贸易的主动权。这样，拜占庭商人又逐渐被排挤出黑海国际贸易的舞台，他们在这一地区的商栈和港口很快被意大利人取代。

11世纪中期，塞尔柱突厥人迅速崛起，对拜占廷帝国发动了大规模的入侵。无力抵抗的拜占廷皇帝只好请求西方各基督教国家出兵援助。教皇随即发动了持续近两百年（1096—1291年）的十字军东征。不幸的是，十字军东征不但没有巩固拜占廷帝国的统治，反而加速了拜占廷帝国的灭亡，倒是意大利的城市利用有利的地理条件趁机获得了发展。意大利的城市是十字军登船的地方，也是十字军的物资补给地，这极大地促进了意大利沿海城市的商业繁荣。而且，十字军东征还在很大程度上促进了威尼斯、热那亚、比萨等城市航运业的发展，“十字军对意大利航运的要求，使意大利的航运恢复了难以置信的生命与活力”。[①] 更重要的是，通过十字军东征，威尼斯、热那亚、比萨等城市共和国还获得了所占城市领土和贸易特权，从而进一步开拓了海外贸易市场。热那亚是最早参与十字军东征的国家。在围攻安条克时援助过诺曼人骑士，城破后得到了30座房屋和市场；在围攻耶路撒冷时，比萨因派出了包括20艘战船组成的武装远征队，而得到雅法的整个市区；1100年，威尼斯向雅法派出一支由200艘战船组成的舰队，由此威尼斯在每一个占领的城市都得到了教堂和市场。

① ［英］亨利·皮朗著，乐文译：《中世纪欧洲经济社会史》，上海人民出版社2001年版，第29页。

整个十字军东征期间，意大利城市在巴勒斯坦和叙利亚沿海岸建立了许多商业殖民地，海外贸易商人把这些新获取的地区都作为了商栈。这些商栈享有进口、销售商品的特权，成为各城市共和国延伸贸易市场的前沿哨所和进一步开拓市场的据点，大大促进了它们同东方的贸易。意大利商人从东方运出香料、象牙、宝石、丝绸等土特产品，然后或经过海路或穿过阿尔卑斯山山口把这些商品运往法国、德意志和其他国家销售，从西方运往东方的商品则有牲畜、粗毛呢、金属制品等。第四次十字军东征中，十字军战士洗劫了君士坦丁堡，拜占庭帝国从此一蹶不振。而威尼斯、热那亚、比萨等城市共和国趁机获取东地中海航海通道和贸易特权，彻底排挤了拜占廷人，地中海贸易格局随之改变。东方商品不再大批集中到君士坦丁堡，而改道叙利亚各港口，再由意大利商船转运到西方。意大利人最终夺取地中海贸易霸权，把东方和西欧之间的中转贸易权掌握在自已手里。过去由拜占庭帝国控制的关税几乎全部落入意大利航海共和国。

12—15 世纪，意大利海外贸易高度繁荣，其市场范围远至黑海、非洲大陆等地区。在欧洲，意大利商人遍及拜占廷、西班牙、英国、法国、德国以及北欧各地。在西欧主要的商业和政治中心都设有著名的意大利商号的代理人。威尼斯、热那亚、佛罗伦萨等意大利城市共和国的商人基本上控制了整个欧洲的财政。在相当长的一段时期内，意大利商人是欧洲最具影响力的商业集团，意大利成为欧洲的经济、政治中心。当时意大利城市主要集中在意大利半岛的北部和中部以及海滨地区，这些城市大多属于工商业城市，制造业发达，商业繁荣，是当时的经济中心。如米兰、拉文纳、帕多瓦、维罗纳、佛罗伦萨、热那亚、比萨、赛纳、威尼斯、皮亚琴察等都是巨大的工商业中心。米兰的毛纺织业、冶金业、兵器制造业很发达，每年有四次大集市，吸引许多外国商人前来贸易；佛罗伦萨的毛纺织业有手工工场上百家，生产的毛呢畅销西欧和西亚各地。佛罗伦萨还主宰整个欧洲财政系统，是欧洲的金融中心，代理教廷向各国征收教会税、向各邦统治者贷款；威尼斯与热那亚是地中海地区重要的海上强国，拥有许多商船队和实力强大的国家舰队。威尼斯控制着地中海东部的贸易，热那亚控制着地中海西部及大西洋的贸易。威尼斯的造船业尤其兴旺，其造船手工工场每年能制造一千多艘船只，它的舰队拥有3000艘商船和1.7万名船员，频繁地来往于地中海、亚得里亚海和黑海，日夜转运东西方的商品。城市的率先发展使北意的经济在欧洲居领先地位，成为富冠西欧和地中海地区的债权国。但意大利南方的城市数量十分有限，并且主要是消费性城市。比如罗马，作为基督教世界的首都，聚集了大量的教会官员，但该城的工商业落后，完全依赖教廷的财政收入，是一座典型的消费性城市。

15世纪末到16世纪初的大航海时代，给欧洲海上贸易带来了新的繁荣。从西欧经好望角直达印度的路线避免了意大利和中东中转商的层层盘剥；美洲大陆的发现使美洲地区成为地中海各城市的原材料供应地，贸易网络得到空前发展。长期以来意大利人受益的东西方转运贸易发生了变动，地中海的海上贸易中心开始向北海、大西洋地区转移。意大利优越的地理条件也随之丧失，昔日繁荣的意大利城市开始衰落了。而此时拥有地理优势的安特卫普，作为欧洲地区的交通枢纽，开始成为世界商品集散的航运中心。在一度垄断东地中海贸易的威尼斯，有利可图的香料贸易也受到了来自葡萄牙的挑战。但直到15世纪末，威尼斯仍不失为世界性的贸易港口，它同全意大利和全欧洲都有贸易往来。只是奥斯曼帝国的兴起和在地中海势力的增长截断了东西方贸易的航路，才最终使意大利失去了进行大宗过境贸易的优势。1516—1517年，奥斯曼帝国占领了阿勒颇和埃及，威尼斯香料的源路几乎完全断绝。不仅仅是香料贸易，威尼斯的整个贸易范围都大大缩小了。

总结起来，地理位置就是意大利城市发展的关键。它在意大利城市的兴起、发展和衰落中都扮演了主要的角色。正是这样一个优越的地理位置促成了中世纪意大利城市的迅速发展，但城市繁荣的商业和手工业并没有转化成推动形成统一国家的动力。近代国家之间的竞争以民族国家为主体的形式表现出来，这不同于普遍依靠单个城市或者城市联盟竞争的中世纪。以往意大利各个城市都是单打独斗的发展模式，各城市共和国的民众只认同自己的城市，民族认同感非常薄弱。威尼斯商人只认为自己是威尼斯人，佛罗伦萨商人亦是如此，他们从来都不认为自己是意大利人。意大利更多地被看作是一个地理概念，而不是民族国家的概念，这显然不能适应近代社会发展的需要。而随着国际贸易格局的变动，经济上的黄金地带已经转移到了西北欧地区，意大利所依赖的地中海这条传统商路的地缘优势一去不返。

四、文艺复兴的摇篮

文艺复兴是一种城市现象，主要在一些城市中发生。13—14世纪，意大利半岛分裂为数十个政治实体，在国家形态上表现为王国与城邦共和国并存。北部意大利在名义上原是属于神圣罗马帝国的，长期是神圣罗马帝国的一部分，但霍亨斯陶芬王朝（1138—1254年）结束后，由于神圣罗马帝国无力控制意大利，自治和独立的城邦就发展了起来，如威尼斯、热那亚、米兰、维罗纳、皮亚琴察等。中部意大利主要是教皇国，经过长期以来不断兼并周围的土地，其领土已从第勒尼安海岸扩展到亚得里亚海岸，在其管辖下的较大城市有波伦亚、彼鲁扎、里米尼、乌尔比诺等。教皇国西面也有一些共和国，如佛罗伦萨、比萨、锡耶纳等。南部意大利则是法国和西班牙争夺的对象。西西里岛一直是西班牙的阿拉贡属地。西西里王国的大陆部分即那不勒斯，初为法国的安茹王朝所控制，15世纪中期后也为阿拉贡所占领。此外，还有一些位于意大利西北部的封建领地，如萨伏依公国、蒙斐剌侯国和萨鲁索侯国。[①] 这些邦国之间不断进行战争，对外积极推行领土兼并政策，较大的邦国总想吞并那些较小的邦国，借以建立自己在地区或全意大利的霸权。

---

① ［俄］科斯敏斯基等：《中世纪史》，生活·读书·新知三联书店1957年版，第510页。

到14世纪中期，经过复杂的政治变动，意大利境内逐渐发展成米兰、威尼斯、佛罗伦萨、教皇国和那不勒斯五大邦国主宰的地理政治格局。其中，意大利北部的伦巴底和托斯卡那地区处于米兰、佛罗伦萨和威尼斯三个主要城市国家的控制之下。在意大利中部，横跨亚平宁山脉，从罗马到拉文纳是罗马教皇管辖的国家。在意大利南部，那不勒斯和西西里地区合并为西班牙控制下的那不勒斯王国。在五个主要的强国之外，意大利还散布着一些较小的公国，它们领土狭小、国力孱弱，通常依附于其中的一个强国，作为大国间的缓冲地带。文艺复兴运动的中心主要包括托斯卡纳地区的首府佛罗伦萨，威内托地区的首府威尼斯，教皇国首都罗马，那不勒斯王国的首都，以及伦巴底地区的首府米兰。此外，还有一些次要中心，如锡耶耶、费拉拉、曼图亚和乌尔比诺等小城市，亦是文艺复兴运动的重要发生地。而南部的城市主要是行政中心，是消费性城市，资本主义经济不是很发达。因而从总体上看，南方在意大利的文化地图上处于边缘位置，除那不勒斯外，再找不到其他文艺复兴运动的中心。

政治上四分五裂的意大利半岛却在欧洲最先发生了文艺复兴运动，其文化征服了整个西欧，并向其他地区传播。这首先得益于城市经济的繁荣，经济的繁荣发展为科学文化的发展提供了雄厚的物质基础和优越条件。资本主义工商业的发展促进了新文化运动，成为文化发展的原动力。但同样不可忽视的是其丰厚的文化遗产。意大利半岛拥有最完备的古典的、东方的、阿拉伯的多种因素的文化、艺术品和典籍，这些丰富的文化蕴藏为文艺复兴运动提供了充足的营养。为人文主义者研究、创作提供了重要条件。而这与意大利优越的地理位置和地缘条件又是密不可分的。

首先，意大利是古罗马帝国的发源地，作为罗马帝国的继承者，意大利比其他地区存有更多的古代希腊和罗马文化遗产。早在9—11世纪，意大利图书馆系统就得到了相当广泛的发展，几乎每一个意大利的大教堂、修道院甚至是小教堂都收藏着旧书籍。晚至12世纪，一些不知名的教堂藏书也逾百册，此外还有大规模的民间藏书和公共图书馆。在长达几百年的时间里，意大利的馆藏图书规模一直凌驾西欧各国之上。当时最为重要的有梵蒂冈、洛伦佐和乌尔比诺图书馆。这些图书馆收存了大量古典书籍，包括希腊的哲学家、文学家、戏剧作家、医学家以及其他自然科学家的作品。拉丁古籍的范围则更广，几乎囊括罗马时代的各个领域。这些文化遗产为意大利文艺复兴提供了极为丰富的营养，代表新兴资产阶级利益的知识分子即人文主义者，从遗存的典籍中发现了古典文化的灿烂辉煌。

其次，拜占廷帝国的首都君士坦丁堡，在意大利文艺复兴运动兴起以前一直是东地中海地区和欧洲重要的文化中心，而意大利的城市与拜占庭的关系甚为密切。早在9世纪时，已经有拜占庭商人在威尼斯定居。到了12世纪，随着威尼斯人在君士坦丁堡建立的商业殖民地的发展，拜占庭与威尼斯的交往日益频繁，双方经常派出外交使团、出访学者和留学生，两地居民通婚的现象也时有发生，意大利的公民甚至可以在拜占廷宫廷供职。而拜占庭商人、技术工人和外交官也开始到威尼斯定居，在威尼斯方言中甚至出现了希腊词汇。意大利人文主义者为了获得希腊古典文化知识，主动前往君士坦丁堡求学，他们返回意大利时，不仅携带了大量古代手稿，而且将拜占廷的学术传统带回了意大利。

第四次十字军东征以后，西迁的拜占庭人明显增多，但是拜占庭人向西方的大规模移民，始于奥斯曼帝国攻陷君士坦丁堡之前的半个世纪。自 14 世纪开始，拜占廷帝国面临奥斯曼帝国的不断侵扰，大批的拜占廷学者陆续逃离家园。由于地理上的临近以及长期的经贸和文化交往，他们首选意大利作为侨居地。迁徙的路线通常是经威尼斯所属的克里特岛进入意大利。进入意大利的拜占廷流亡学者大多聚集在威尼斯、佛罗伦萨和罗马。这些移居威尼斯的拜占庭流亡学者，大多从事希腊文的翻译、教学、编辑等工作。佛罗伦萨的古典文化复兴，无论是希腊语教学的恢复，还是柏拉图学院的重建，或是古典图书的收集，都离不开拜占庭流亡学者的积极参与。拜占廷流亡学者以其丰富的古典文化素养，积极参与意大利的古希腊文化复兴，有力地推动了意大利文艺复兴运动的发展，他们聚居的三个城市也因而成为文艺复兴时期意大利的希腊文化研究中心。

南意大利和西西里曾为阿拉伯人占据，这成为北部意大利人吸收阿拉伯文化的一条重要渠道。而阿拉伯文化也是西方人认识希腊古典文化的重要媒介。8 世纪阿拉伯文化兴起之后，在一百多年的时间里，阿拉伯人将古希腊亚里士多德等人的著作翻译成阿拉伯文，之后他们又将其从阿拉伯文翻译成了拉丁文等欧洲文字，从而使西欧人在经历了400多年的黑暗时代之后，又接触到了古代希腊文化的真面目。西欧熟悉的希腊哲学和科学知识最初就译自阿拉伯文，西方人是借助阿拉伯人认识亚里士多德的。而且，经由各种途径传入西欧的阿拉伯著作的拉丁文译本，给包括意大利人在内的西方人带去了东方人的知识、智慧、观念和思想。意大利的人文主义先驱们都曾受到东方文化的熏陶，但丁关于宇宙起源的某些观念、薄伽丘的《十日谈》、乔叟的《坎特伯雷故事集》等都受到阿拉伯文化不同程度的影响。阿拉伯的著名学者，包括伊本·西那、肯迪、阿拉比、拉齐、花拉子模等人的著作在欧洲都有广泛传播。可见，有效地吸收了东方诸民族文化成就的阿拉伯文化，也成为意大利文艺复兴运动重要的文化基础，为意大利文艺复兴时期的文学家、艺术家、思想家和自然科学家提供了丰富的题材与资料，滋养着意大利的人文主义者。

意大利的文艺复兴在文学、艺术、史学、哲学以及自然科学等多个领域都取得了巨大的成就。[①] 文学方面，但丁、彼得拉克和薄伽丘并称为意大利文艺复兴初期的文坛三杰。但丁是意大利文艺复兴时期的先驱和伟大的启蒙大师。他以佛罗伦萨的塔斯尼方言写成的作品《神曲》，既是中古哲学、艺术的综合，又是近代文学的序幕。继但丁之后出现的彼得拉克，是意大利第一个人文主义和文艺学

① 郑如霖：《论意大利文艺复兴的特点及原因》，《海南师院学报》1992年第4期。

术界的巨匠，他以十四行诗见长，《诗歌集》是其代表作品。彼得拉克把人文主义思想与现实主义创作方法结合起来，提出了新文艺的特点，对后代产生了巨大、深远的影响。薄伽丘是欧洲首位资产阶级自由主义和现实主义的文学家。他的《十日谈》是欧洲第一部近代短篇小说集。全盛时期，还有著名的诗人阿里奥斯托，其代表作是《疯狂的奥兰多》。此外还有最后的著名诗人托夸多·塔索，其著名作品是叙事诗《被解放的耶路撒冷》。这些作品都反映了作者对美好世俗生活的歌颂和追求。

艺术领域，尤其在绘画、雕塑等方面，涌现出了一批第一流艺术大师。如达·芬奇、米开朗基罗、拉斐尔、乔尔乔内、提香等。他们创作了许多传世之作，如《最后的晚餐》《蒙娜丽莎》《大卫像》《雅典学院》《酣睡的维纳斯》《花神》和《暴风雨》等。这些千古不朽的作品，不但在技法上达到炉火纯青的程度，而且都凝聚了人文主义者对人性、对生活、对理想的热望。值得一提的是，达·芬奇在自然科学方面也做出了杰出的贡献，因而被恩格斯称颂为“文艺复兴时代的多才多艺、学识渊博的巨人”。

史学领域涌现出了许多著名的史学家。乔凡尼·维兰尼运用近代统计学的方法来剖析、阐述社会的历史现象，著有十二卷《佛罗伦萨编年史》，列奥那多·布鲁尼的《意大利史评述》，佛兰西斯科·基察迪尼的《1494—1534年意大利史》及《1378—1509年佛罗伦萨史》，尼可洛·马基雅维利的《佛罗伦萨史》和乔吉奥·瓦萨里的《艺苑列传》，这些人文主义史学家在解释历史时，排除了中世纪“神决定一切”的观点，提出了接近于科学的历史分期法，并开始运用批判精神来对待史实。在哲学上，产生了康帕内拉和布鲁诺等极有代表性的人物。康帕内拉在其代表作《太阳城》中揭露了私有制是一切罪恶的根源，他怀着对理想社会的憧憬而提出了改造现实剥削制度的方案。布鲁诺是文艺复兴时期先进哲学思想和自然科学发展的重要代表，他继承并捍卫了哥白尼的“日心说”，提出了宇宙是无限的和统一的一个天体系统，对近代唯物主义哲学的形成做出了贡献。

总之，意大利作为文艺复兴的摇篮，与其地中海中心的地理位置密不可分。自古以来，地中海周边的各个民族、国家、文明之间皆凭借地中海保持着一定的关系，而地中海也凭借着这些往来关系逐渐地生化为一个区域性的世界。美国著名学者奎格利曾言：“地中海的地理意义在于它将欧洲和非洲分隔开来，但地中海的文化意义却与其地理意义大为不同，因为它将沿海各地连接起来了，而不是隔离开来。”意大利正是得益于此。

五、从分裂走向统一

15 世纪末，法国、西班牙等强邻为瓜分意大利而进行了长达半个多世纪的战争。这场战争几乎把意大利境内所有邦国都卷进去，一些意大利城市甚至与外国势力结成同盟来打击敌对城市。直到 1559 年，战败的法国才同西班牙缔结了《卡托—孔布雷齐和约》。和约巩固了西班牙在意大利的统治，意大利人从此开始了漫长的外国统治时期。对此，德国著名经济学家李斯特曾说过：“意大利这样煊赫一时，却独独缺少一样东西，因此使它不能达到像今天英国这样的地位，因为它缺少了这件东西，所以一切别的繁荣因素都如风卷残云，一霎时化为乌有了，它所缺少的是国家统一以及由此而产生的力量。”①

17—18 世纪，意大利一直是强邻逐鹿的战场。从西班牙王位继承战争、波兰王位继承战争到奥地利王位继承战争，意大利好像一块肥肉，被它的强邻任意分割。至 18 世纪中期，意大利主要被西班牙和奥地利所瓜分：前者占有两西西里王国（包括那不勒斯王国和西西里岛）、帕尔马公国和皮亚琴察公国；后者占领了伦巴底（原米兰公国），托斯卡纳公国实际上也附属于它。其他邦国，除撒丁王国②外，都处于这个或那个外国势力的影响下，不能起任何独立的政治作用。

18 世纪末，在法国大革命的直接冲击下，意大利政治统一运动迅速发展起来。但 1815 年拿破仑战争结束后，意大利的状况并没有得到改善，意大利不仅恢复了封建专制统治，而且仍然四分五裂，受奥地利、法国、西班牙等外国势力统治或控制。维也纳会议为补偿奥地利在尼德兰的损失，把威尼斯和伦巴底两地组成“威尼西亚伦巴底王国”，归由奥地利哈布斯堡王朝统治，奥地利凭此取得了影响和控制意大利的地缘优势地位。中部的罗马有奥法驻军，南部的两西西里王国受西班牙波旁王朝控制，只有位

① ［德］F. 李斯特：《政治经济学的国民体系》，商务印书馆 1961 年版，第 213 页。

② 1720 年，萨伏依公国获得撒丁岛，此后萨伏依公国改称撒丁王国，或称皮埃蒙特。

于意大利北部的撒丁王国是唯一的独立国家。正是在这样的形势下，意大利爱国者又开始了争取民族独立、国家统一的运动。他们相继建立起烧炭党、青年意大利党等资产阶级革命组织，在意大利各地领导争取民族解放的斗争。但由于外国势力的镇压，革命最后都以失败告终。到19世纪50年代，意大利仍然是四分五裂的局面。

作为当时意大利力量最强、经济最发达、又是唯一由意大利自己统治的邦国——撒丁王国此后开始担负起意大利统一运动的领导责任。1852年11月，撒丁国王任命加富尔出任首相。加富尔是一位远见卓识的政治家，他始终认为："意大利问题是国际关系中的问题，而不是国内政治中的问题。"[①] 因为意大利的领土安排是维也纳会议上欧洲列强共同做出的，要改变意大利现状，必然与其他列强发生关系。所以他主张以撒丁王国为中心，通过王朝外交活动，凭借外力实现国家统一。

在意大利统一的问题上，最大的障碍是奥地利。奥地利虽然在逐渐衰落，但当时依然是欧洲大陆的强权之一，常备军超过30万。而意大利各邦国力量弱小，仅仅依靠自己，难以与强大的奥地利为敌，更不可能将其逐出意大利。因此，要战胜强敌获得独立进而实现国家统一，必须利用欧洲大国之间的矛盾孤立奥地利，争取其他大国援助，从而有效地改变于己不利的力量对比。而奥地利是法国在意大利的传统竞争对手，所以，加富尔首要的结盟对

① ［英］泰勒：《争夺欧洲霸权的斗争（1848—1918）》，商务印书馆1987年版，第128页。

象就是法国，他曾表示：“不管我们情愿与否，在欧洲迟早将进行的角逐中，我们必须是法国的伙伴。”

1854 年，俄国与英法两国为争夺近东霸权而爆发了克里米亚战争。当时大多数人认为事不关己，反对把精锐部队派遣到克里米亚去同一个与意大利没有争执的敌人作战。但首相加富尔立即意识到撒丁王国参战将为统一意大利带来重大的外交机遇：如果撒丁王国成为英国和法国反俄联盟的积极同盟参加战争，将获得使意大利问题跻身于国际问题的一个极好机会。因为东方问题是一个影响较大的国际问题，参加这场战争就使意大利问题同东方问题联系在了一起。而且，参加英国和法国联盟就使其对意大利负有责任。再者，可以以此向强国显示撒丁王国的力量。为此，加富尔力主站在英国和法国一边参加克里米亚战争。1855 年 1 月撒丁王国宣布无条件参加克里米亚战争。

1856 年，战争结束。加富尔以战胜国的身份代表撒丁王国出席了在巴黎召开的和会。会上，加富尔成功地争取到其他大国对意大利统一的同情和支持，进而达到了最终将“意大利问题”国际化的目的。同时，战胜国的身份也使撒丁王国跻身于强国之列，提高了国际地位。而且，通过参战还加深了自己与拿破仑三世及法国政府的关系，摸清了英国对自己的态度，为最终撒丁王国同法国结成反奥同盟赢得意大利独立战争的胜利打下了基础。

克里米亚战争后，奥地利如撒丁王国所愿在国际上陷入空前孤立。俄国因奥地利在战争后期突然发出最后通牒这一背后插刀行为而不满，这导致维也纳会议以来的俄奥同盟关系彻底破裂。撒丁王国与沙俄的关系则迅速升温，

1856年夏，双方正式建立了外交关系。而且在法国的积极争取下，俄国承诺将在外交上全力支持法国并同意意大利的领土变更。沙皇亚历山大二世还口头应允将几个师的俄国军团开往奥地利边境，以牵制奥军在东部的军队。在与法俄两国建立良好关系的同时，加富尔努力拉近与传统友邦英国的关系。虽然英国为防备法俄两国过分接近破坏欧洲大陆均势而试图阻止战争，但调停未果。加之当时英国正面临印度民族大起义，无暇干涉意大利的事务，决定保持中立。普鲁士主张按“小德意志方案”实现德意志的统一，因而把奥地利视为主要敌人，声称将不让自己卷入一场有违于自己意志的战争。总之，这是一个十分有利于意大利统一的国际环境。

由于奥地利这个共同敌人的存在，撒丁王国与法国的关系尤其得到了快速发展。加富尔利用有利的时机成功促成了与法国的联盟。1858年7月，加富尔和拿破仑三世在普隆比埃秘密会晤，双方商定：法国将在撒丁王国反对奥地利的战争中出兵20万，提供所需一切军用物资，帮助撒丁王国从奥地利手中收复伦巴底和威尼西亚地区，以及包括罗曼纳和北部教皇属地在内的上意大利王国。作为报答，撒丁王国将萨伏依和尼斯两地割让给法国。考虑到法奥争夺意大利控制权的现实，如果不满足法国对尼斯、萨伏依两省的欲望，就很难保证撒丁王国对中部三邦国与罗曼纳等地区的兼并，这是以加富尔为首的撒丁王国政府权衡利弊后做出的取舍。大国干涉必然要求满足其自身利益，因此寻求外援就有引狼入室的风险。将萨伏依和尼斯两块领土让于法国，正是意大利以这种方式统一国家的代价。至此，加富尔与法国结盟的外交政策实现了，意大利的统一也迈出了重要的一步。

1859 年 4 月，法国、撒丁王国与奥地利的战争爆发。虽然法撒联军连战告捷，但法国违背承诺，撇开盟友撒丁王国，7 月中旬与奥地利单独媾和。11 月，法、撒、奥三国在瑞士苏黎世订立《苏黎世和约》。和约规定：奥地利保有威尼斯，将伦巴底割让给法，由法国出面将伦巴底转让给撒丁王国。1860 年 3 月，法国与撒丁王国签订《都灵条约》，规定帕尔马、摩德纳、托茨坎纳和罗曼纳中意大利四邦并入撒丁王国，法国则获得萨伏依和尼斯两地。至此，撒丁王国控制了除罗马教皇区之外的北方半壁河山，经济、政治和军事实力也大为增强。撒丁王国借助法国的力量改变了意大利全境的版图，迈出建立意大利王国的重要一步。而法国兼并萨伏依和尼斯后，导致欧洲大国对它的防范心理，尤其恶化了和英国的关系，外交上空前孤立。

1860 年 4 月，西西里岛爆发了反抗西班牙波旁王室统治的大起义。5 月初，富有传奇色彩的民族英雄加里波第率领身着红衫的 1000 多名志愿军冒险远征，渡海来到岛上支援并领导了岛上的革命斗争。欧洲各国对于西西里岛爆发的革命极端仇视，俄国、普鲁士、奥地利和法国等大国都把南意大利的革命看作全欧洲的威胁，予以抗议、谴责和警告。对意大利统一事业抱有同情的英国也不赞成加里波第远征。英国担心撒丁王国为兼并南意大利，可能会把热那亚和撒丁岛割让给法国，如同它为兼并中意大利而把萨伏依和尼斯割给法国一样。如果出现这种情形，英国在地中海属地的安全将受到来自法国的威胁。

与此同时，加里波第在南意大利的行动却异常顺利。不到一个月的时间，红衫军就攻占了西西里首府巴勒莫。到6月20日，将西班牙波旁王室的最后一支军队赶出了西西里岛。这时，那不勒斯地区的民众也在各地发动了起义，于是加里波第决定乘胜追击，渡海北上，直捣那不勒斯城。两西西里国王弗朗西斯二世惊恐万状，请求法国阻止加里波第越过墨西拿海峡。拿破仑三世建议英国与法国一道派出一支联合舰队封锁海峡，以阻止加里波第进军那不勒斯，并强行实施停战。但英国在确信撒丁王国并无割让热那亚或撒丁岛的意图后，拒绝了法国的建议，并表示反对法国单方面进行干涉。至此，不愿恶化英法关系的拿破仑三世也无能为力了。法国只是声明，除非为保卫教皇，否则不以武力干涉意大利内部事务。

8月20日，加里波第率领红衫军在墨西拿海峡绕过那不勒斯舰队，顺利登岸。那不勒斯军队纷纷倒戈，弗朗西斯二世弃城逃走。9月初，加里波第进入那不勒斯城，基本控制了两西西里王国的局势。加里波第在南意大利的成功引起了列强的不安。为了控制事态的发展，避免列强的干涉，撒丁王国决定介入。在确认欧洲大国不会采取实际军事行动之后，9月8日，撒丁军队越过教皇国边界，占领了马尔凯和翁布里亚。9月18日，撒丁王国军队彻底击溃教皇军，兼并了罗马以南大部地区。10月中旬，撒丁王国军队越过那不勒斯边界开始包围波旁王朝军队的最后据点。10月25日，波旁王朝军队被迫投降，南方战争结束。11月8日，撒丁国王维克多·厄曼努尔二世在加里波第陪同下进入那不勒斯城，宣布接受公民投票所做出的关于合并撒丁王国的决定，撒丁从此拥有对西西里岛和那不勒斯的主权。

1861 年 3 月 27 日，第一届全意大利议会在都灵召开，意大利王国宣告成立。但意大利的统一是不完全和不彻底的。1861 年 6 月，意大利统一运动的功臣加富尔首相不幸去世，而此时还有威尼斯和罗马仍然有待最终的统一，奥地利和法国成为意大利统一的最后障碍。

对于威尼斯，意大利曾试图向奥地利购买，法国和英国也从中竭力撮合，但终因奥地利方面的顽固拒绝而失败。1864 年丹麦战争结束后，普鲁士与奥地利之间的矛盾日益激化。普鲁士积极寻求国际支持。在努力获取法国善意的同时，也积极拉拢意大利。1865 年初，普鲁士向意大利提出结盟建议，意大利趁机再次向奥地利提出以 5000 万法郎的价格购买威尼斯的计划，并表示愿意帮助奥地利对付普鲁士。再次被奥地利拒绝的意大利决定转向普鲁士，通过对奥战争夺取威尼斯。1866 年 4 月，普意两国正式结盟，双方约定在对奥战争中使用一切资源，不单独与奥地利媾和，战后威尼斯返还意大利。6 月，对奥战争爆发，经过 4 个月的较量，普意一方获得最终胜利。根据和约，意大利获得了威尼斯及其周围地区。

罗马不同于威尼斯，在国际上有着独特的地位，教皇在欧洲天主教国家拥有巨大的影响。罗马城一直由法国军队驻守，拿破仑三世虽然同意正式承认意大利王国，但是拒绝从罗马撤军。以法意两国的实力对比，意大利也不可能以武力解决，罗马问题一度陷入僵局。直到 1870 年普法战争爆发，拿破仑三世于9月1日在色当战役中惨败被俘，意大利政府抓住这千载难逢的机会，立即向欧洲各国通告了占领罗马的意图，列强对此反应平静。9月20日，意大利军队顺利进入罗马城。10月，罗马举行公民投票，赞成罗马与意大利合并。1871年7月，意大利政府把首都从佛罗伦萨迁至罗马，意大利最终实现了统一。